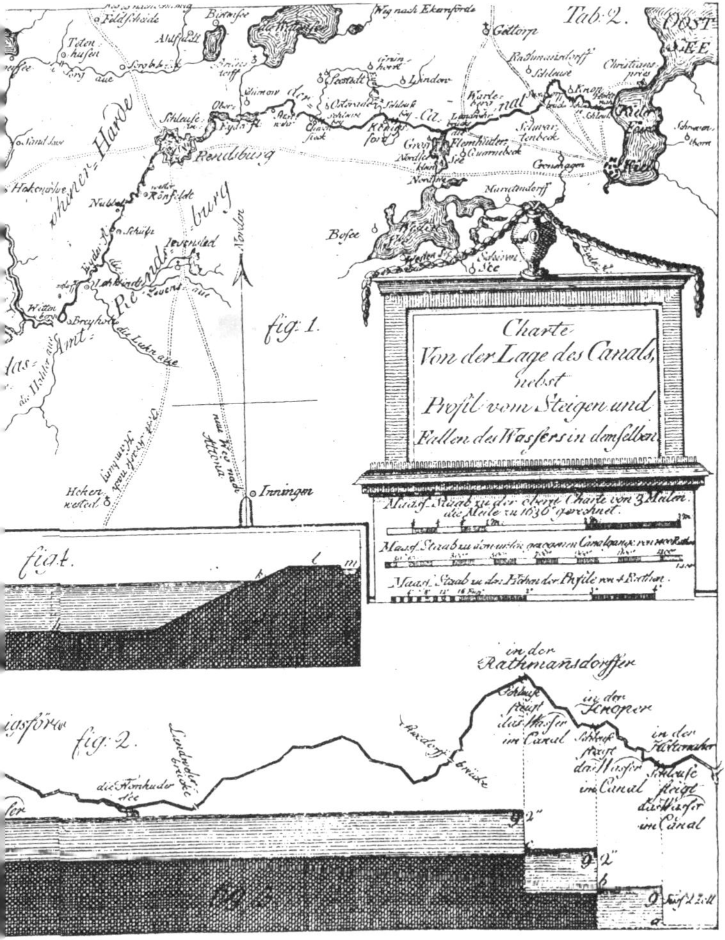
Tab: 2.
OOST SEE
Charte
Von der Lage des Canals,
nebst
Profil vom Steigen und
Fallen des Wassers in demselben
fig: 1.
fig: 2.
Rendsburg
Gettorp
Rathmansdorff
Christians pries
Kiel
Flemhuder See
Schleuse
Lindow
Knoop
Holtenau
Bosee
Innningen
Hoken wested
neue Weg nach Altona
Norden
Weg nach Ekernförde
Feldscheide
Sorgbrück
Sorg aue
Nübbel
Schülp
Jevenstedt
Breyholtz
Amt
die Luhn aue
Lindaner brücke
Steigen
in der Rathmansdorffer Schleuse steigt das Wasser im Canal
in der Knooper Schleuse steigt das Wasser im Canal
in der Holtenauer Schleuse steigt das Wasser im Canal
die Flemhuder See
9.2"
9.2"
9 Fuss 2 Zoll

Jules Verne auf Eider und Kanal

Jules Verne (1828–1905)

Von Vernes Thalassophilie sind die glitzernden Meere des Südens nicht ausgeschlossen, aber seine wahren Freunde, seine ‚geheimen Ratgeber' sind die schwermütigen, schwarzen, unermeßlichen Meere des Nordens.

Alberto Savinio
Jules Verne
(1942)

FRANK TRENDE

Jules Verne auf Eider und Kanal

„Die Fahrt scheint nach unbekannten Welten zu gehen."

Mit einer Reportage von Paul Verne
und einem Vorwort von Volker Dehs

BOYENS

Diese Veröffentlichung wurde durch das Unternehmen *erneuerbare energien europa e3 GmbH*, Hamburg, unterstützt.

Vorsatz:
Die Abbildung zeigt den Verlauf von Eider und Kanal, den Kanal-Querschnitt und ein Höhenprofil des Kanalverlaufs.

BOYENS
BUCHVERLAG

ISBN 978-3-8042-1525-2

Herstellung: Boyens Buchverlag
Druck: cpi books GmbH, Leck
Printed in Germany

www.boyens-buchverlag.de

INHALT

»SiehsDu : jetz hasDe wieder noch nich den
PAUL VERNE Dir angeseh'n;
und seine Fahrt durch den Eider=Kanal … – : ?«

Arno Schmidt
Zettel Traum
(1970)

Eider ist Eider,
und die hauptsache ist, ich komme endlich hin.

Rolf Vollmann
Im Lande Kolderups unter den Laubengängen der Eider
(1988)

Vorwort

„Jules Verne ist gar nicht gereist“, empören sich all jene, die meinen, persönlich gemachte Reiseerfahrungen seien die unabdingbare, ausschließliche Voraussetzung für deren geradlinige Umsetzung in der Kunst. Sie täuschen sich, zunächst was die potenzielle Macht der Fantasie betrifft, aber auch im Faktischen: Denn wenn Jules Verne (1828–1905) auch nie bis zum Mittelpunkt der Erde vorgedrungen ist oder die Mondoberfläche betreten hat (wie übrigens keiner seiner Romanhelden), hat er im Rahmen seiner finanziellen und gesundheitlichen Möglichkeiten durchaus dem Tourismus gefrönt. Dies zu einer Zeit, als das Reisen noch weit davon entfernt war, sich leicht und preiswert verwirklichen zu lassen und eine selbstverständliche Massenbewegung zu sein. Vernes größte Liebe galt dabei dem nassen Element, auf dem er, oft in Begleitung seines Bruders Paul (1829–1897), von Kindheitstagen an herumgeschippert ist: Zunächst in der Jugend auf kleinen Kähnen auf der Loire, später auf zwei nacheinander erworbenen Segelbooten, das eine größer als das andere, die Verne nach alter Seemannstradition jeweils auf den Namen seines Sohnes Michel getauft hatte. Diese beiden erlaubten ihm, größere Ausflüge an der Atlantikküste und im Ärmelkanal bis hin nach Großbritannien zu unternehmen, ehe sich der zu Wohlstand gelangte Erfolgsschriftsteller 1877 im dritten Anlauf eine zweimastige Dampfyacht leisten konnte. Auf dieser dritten *Saint-Michel* unternahm Jules Verne zusammen mit seiner Familie und Freunden neben zahlreichen kürzeren Ausflügen vier große Kreuzfahrten. Zwei von ihnen wurden offensichtlich in nostalgischer Absicht durchgeführt, da Verne jeweils im Abstand von zwanzig Jahren die Gegenden wiederbesuchte, die er noch vor seinem internationalen Durchbruch als Romancier besucht hatte: England und Schottland (1859 und 1879) sowie Deutschland und Skandinavien (1861 und 1881). Darüber hinaus wurde zweimal auch das Mittelmeer bereist (1878 und 1884), mit einer persönlichen Audienz beim Papst als Höhepunkt der letzten Reise.

Im Gegensatz zu den frühen Reisen blieben die späteren Kreuzfahrten der Öffentlichkeit nicht verborgen: Journalisten kommentierten sie in den Tageszeitungen, einige interviewten den prominenten Gast, Mitreisende veröffentlichten Briefe in der heimatlichen Presse, die Autoritäten vor Ort luden zu opulenten Empfängen; daneben füllte der Schriftsteller sein persönliches Reisetagebuch mit stichwortartigen, zum Teil schwer zu entziffernden Notizen – ein Dokument, das bis heute noch nicht vollständig ediert worden ist.

Keine dieser Unternehmungen ist so gut dokumentiert wie die Reise von 1881, da Bruder Paul ihr einen längeren Bericht widmete, den er in der Lokalzeitung *L'Union bretonne* (Nantes) vom 5. bis zum 14. August 1881 veröffentlichte. Dort wäre er völlig in Vergessenheit geraten, hätte ihn nicht ein purer Zufall in die Öffentlichkeit katapultiert: Verleger Pierre Jules Hetzel (dessen Sohn und Kompagnon Louis Jules mit von der Partie gewesen war) hatte einmal mehr den aktuell in Arbeit befindlichen Roman über eine Floßreise auf dem Amazonas so stark kritisiert und zusammenkürzen lassen, dass der zweite Band „aufgefüllt" werden musste, um den quantitativen Erwartungen des Publikums zu genügen.

Nachdem er *Die Jangada* zunächst widerwillig eingedampft hatte, sollte Verne nun nach Hetzels Willen eine Erzählung hervorzaubern, wie er es des öfteren schon tun musste und dabei auf früher erschienene Kurzgeschichten hatte zurückgreifen können. Das war ihm 1881 aber nicht möglich. Texte aus der Schublade passten nicht, Verne war bereits mit anderen Projekten für Buchhandel und Bühne beschäftigt und wegen der rein wirtschaftlich motivierten Intervention seines Verlegers gehörig genervt. Er sei kein Improvisator, schrieb er an Hetzel (der das nach fast zwanzigjähriger Zusammenarbeit eigentlich hätte wissen müssen), schlug aber als Kompromiss vor, auf den Reisebericht seines Bruders zurückzugreifen, um die nötige Seitenzahl zu erreichen. Dies wiederum entsprach nicht Hetzels Erwartungen, der an dem Text viel auszusetzen hatte, woraufhin ihm Verne unwirsch antwortete:

Mein Bruder konnte keinen anderen Artikel als ebendiesen verfassen. Das ist kein Roman, das ist ein Reisebericht, nichts anderes. Wir dachten, dass meine Freunde in Paris, meine noch zahlreicheren Freunde in der Provinz und die noch zahlreicheren im Ausland Interesse haben könnten, Bekanntschaft mit der St.-Michel *zu machen und mit den Bedingungen, unter denen man auf ihr reist. Das denken wir noch immer.*

Also: mein Bruder wollte ohne großen Anspruch einen ganz einfachen Bericht liefern, und der ist allem überlegen, *was* [der Verlag] *Hachette in* [seiner Reisezeitschrift] Le Tour du Monde *in dieser Hinsicht veröffentlicht. Ich für mein Teil finde darin kein Wort zu ändern, aber einiges zu erweitern, wenn er den zweiten Band von* Die Jangada *abschließen soll. Was den Vorschlag betrifft, neue Personen einzuführen und dies à la Dumas zu arrangieren, so würde das im Gegensatz zu allem stehen, was wir beabsichtigt haben.* (22. August 1881.)

Letztlich blieb Hetzel nichts anderes übrig, als sich dem „bretonischen Starrsinn" von Verne zu fügen, den er immer wieder vehement kritisierte, wenn der sonst so gefügige Schriftsteller gegen seinen autoritären Verleger, der schüchterne Provinzler aus Nantes gegen den weltläufigen Pariser aufbegehrte. Dies dürfte vor allem die Leser in Schleswig-Holstein im Nachhinein freuen.

Bereits einige Jahre zuvor hatte der unternehmenslustige Paul Verne (der neben mindestens einem Ballonaufstieg auch regelmäßig Gebirgsexkursionen durchführte, auf die ihn der Bruder lieber doch nicht begleiten wollte) mit dem Bericht seiner 1871 erfolgten Mont-Blanc-Besteigung ausgeholfen, der 1874 einen Sammelband mit frühen Erzählungen Jules Vernes, *Der Doktor Ox*, ergänzt hatte. Entgegen seiner usprünglichen Absicht und möglicherweise um Hetzel doch noch entgegenzukommen, übernahm Jules Pauls Text nicht eins zu eins, sondern führte eine Reihe von Änderungen durch. Viele sind stilistischer Art. So ist Jules Verne um treffendere und elegantere Formulierungen bemüht, passt die Satzgefüge seinem eigenen konziseren Stil an, bringt sich selbst aber auch öfter ins Spiel und erwähnt im 3. Kapitel die mögliche Veröffentlichung der *„Denkwürdigkeiten der 'Saint-Michel'"*, die im Originaltext nicht genannt werden, allerdings auch niemals realisiert werden sollten. Passagen werden präzisiert und Ereignisse mit Daten versehen, darüber hinaus Landschaftsbeschreibungen erweitert oder neu hinzugefügt, die den Text stimmungsvoll bereichern. Der englische Lotse Harry Thomas Pearkop (der im Original noch Thomas Athkins heißt) erhält weitere burleske Auftritte, mit denen Jules Verne den Bericht humoristisch auflockern will und damit letztlich doch einfügt, was er im Brief an Hetzel noch als Arrangements „à la Dumas“ abgelehnt hatte.

Ein letzter Auftritt Thomas Pearkops ersetzt auch das komplette ursprüngliche Schlusskapitel, in dem Paul Verne – als ehemaliger Marineoffizier – mit nationaler Emphase gegen die Konkurrenz der englischen Marine wettert, für eine stärkere französische Präsenz in der Nordsee plädiert und sich dabei nicht einen Seitenhieb gegen den verhassten Bismarck verkneifen kann. Damit kommt ein weiterer Aspekt – und nicht der unwichtigste – zur Sprache, der Jules Vernes Bearbeitung von der ursprünglichen Version unterscheidet: die Abmilderung allzu deutschfeindlicher Passagen, die der Wiener Verlag A. Hartleben in der hier verwendeten Erstübersetzung von 1882 selbst in dieser Form nicht seinem Publikum zumuten mochte und deshalb behutsam der deutschen Erwartungshaltung „anpasste“.

Der Deutsch-Französische Krieg von 1870/71, den Bismarck zwar bewusst provoziert hatte, der aber vom damaligen Kaiser Napoléon III. nur allzu bereitwillig erklärt worden war, lag inzwischen zehn Jahre zurück. Die französische Niederlage klaffte weiterhin als offene Wunde: Fünf Milliarden Franc (etwa 18 Milliarden Euro) Reparationszahlungen, die vor allem in die Aufrüstung des neugegründeten Deutschen Reichs investiert wurden, der als nationale Erniedrigung empfundene Verlust von Elsass-Lothringen, zudem die Arroganz der preußischen Besatzer schürten auf Jahrzehnte hinaus die Ressentiments. Und diese sollten nicht zu allmählicher Aussöhnung, sondern geradewegs in die Katastrophe des Ersten Weltkriegs führen und eine vermeintliche „Erbfeindschaft“ zementieren. Vor diesem Hintergrund ist nachvollziehbar, dass die Vernes es ablehnten, deutsche Journalisten an Bord der *Saint-Michel* zu empfangen, aber sehr wohl die militärischen deutschen Aktivitäten in Wilhelmshaven und Kiel ebenso misstrauisch wie neugierig beäugten. Die wunderbare Landschaft Schleswig-Holsteins wussten sie nichtsdestotrotz zu würdigen.

Was bleibt, ist ein sowohl biografisch als auch lokalhistorisch interessantes Zeugnis, das sich noch immer mit Genuss lesen lässt. Zu einer der *Außergewöhnlichen Reisen* – wie Jules Vernes Romanzyklus heißt, in dessen Rahmen er erschienen ist – ist Paul Vernes Reisebericht sicher nicht geworden, aber er fügt sich als Mosaikstein in das größere Ganze, das ein Porträt der Erde, ja des gesamten Universums in Romanform liefern sollte. Und er besticht durch seine unprätentiösen Einblicke in vergangene Zeiten, die Frank Trende mit seiner aufschlussreichen Einleitung in ihre geschichtlichen Zusammenhänge stellt und wieder zu neuem Leben erweckt.

Volker Dehs

LES VOYAGES EXTRAORDINAIRES

LA JANGADA

HUIT CENTS LIEUES

SUR L'AMAZONE

PAR

JULES VERNE

DESSINS PAR BENETT

DE ROTTERDAM A COPENHAGUE A BORD DU YACHT SAINT-MICHEL

PAR PAUL VERNE. — DESSINS PAR RIOU

BIBLIOTHÈQUE
D'ÉDUCATION ET DE RÉCRÉATION
J. HETZEL ET Cie, 18, RUE JACOB
PARIS

Tous droits de traduction et de reproduction réservés.

Amazonasroman von Jules Verne und Eidererzählung von Paul Verne sind 1881 in einem Band erschienen.

Und siehe!
Hinter dem Wilden dem Wein kamen
meine Bourbonrosen hervor,
die sich gerade zu blühen anschicken.
Schwarzer Himmel dahinter und die pechschwarze Eider.
Auf welcher ich mitunter
Jules Verne mit seinem Bruder Paul fahren seh
auf ihrer Dampfyacht von Anno 1881.

Sarah Kirsch
Kommt der Schnee im Sturm geflogen
(2005)

FRANK TRENDE

Jules Verne auf Eider und Kanal

„Die Fahrt scheint nach unbekannten Welten zu gehen.“

Es war am 15. Juni 1881 in Wilhelmshaven, als der weltberühmte französische Schriftsteller Jules Verne darauf hingewiesen wurde, dass man die Nord-Süd-Landbrücke der jütländischen Halbinsel auch per seegehendem Schiff in West-Ost-Richtung kreuzen, dass man Schleswig-Holstein auf dem Wasserwege durchqueren konnte. Jules Verne liebte es, Seereisen, Kreuzfahrten zu unternehmen, er liebte die Meere. Im Jahr 1867 etwa waren er und sein Bruder Paul an Bord, als die „Great Eastern“, ein 211 Meter langer stählerner Segeldampfer mit einem kombinierten Schaufelrad-, Schrauben- und Segelantrieb mit sechs Masten und bis 1901 das größte je gebaute Schiff der Welt, eine Fahrt von Liverpool nach New York machte. *Von allen Gewässern findet er den Nordatlantik am besten, das Mittelmeer hingegen kommt ihm langweilig vor*, schrieb ein dänischer Journalist im Juni 1881 nach einem Interview mit dem französischen Reisenden, und Verne illustrierte in diesem Interview auch sogleich, warum das so sei: *‚Wenn ich in Marseille niese‘ sagte er, ‚so scheint es mir, dass ich sie drüben in Afrika rufen höre ‚Gott segne Sie‘*[1].

Der Schriftsteller, der seit 1871 in Amiens an der Somme in Nordfrankreich wohnte, war selbst Schiffseigner, *mit der dritten* Saint-Michel *hatte sich Jules Verne eine finanzielle Ausschweifung erlaubt, die die größte seines Lebens bleiben sollte*, schrieb Volker Dehs in seiner maßgeblichen Verne-Biografie[2]. In einer Reiseetappe von Wilhelmshaven nach Hamburg unterwegs – das ursprüngliche Ziel der Fahrt im Juni 1881, die dänische Hauptstadt Kopenhagen, war nun aus Zeitgründen aufgegeben. Schließlich sollten Verne und seine Reisegesellschaft Kopenhagen aber doch noch erreichen – unter Umständen, die Paul Verne in einer Reportage festgehalten hat. In Wilhelmshaven standen die Maschinen der Yacht bereits unter Dampf, als noch deutsche Gäste auf das Schiff kamen: *An Bord erscheinen ein für die Torpedos zuständiger Korvettenkapitän, ein Ingenieur; dann der Graf von Roon*, notierte Jules Verne in seinem Bordtagebuch, und: *Sie weisen auf einen Kanal hin, der von Tönning nach Kiel führt.*[3]

I.
Nichts als Pläne

Ein Kanal von Tönning nach Kiel? Lange vor der Eröffnung des heutigen Nord-Ostsee-Kanals als Kaiser-Wilhelm-Kanal im Jahre 1895 hatte man von einer künstlichen Schifffahrtsstraße zwischen Nord- und Ostsee geträumt. Schon die Wikingerstadt Haithabu an der Schlei war ein Ort, an dem sich der alte Heerweg von Norden nach Süden mit Handelswegen zwischen Nord- und Ostsee kreuzten; Hollingstedt an der Treene war Haithabus ‚Nordseehafen'. Im 14. Jahrhundert betrieb Lübeck den Bau des Stecknitzkanals, um die Flüsse Trave und Elbe miteinander zu verbinden und per Kahn Lüneburger Salz zur Heringskonservierung an die Ostsee zu schaffen; die Schleuse des Kanals bei Lauenburg, die nach ihrem Schleusenwärter benannte „Palmschleuse“ ist die älteste Kammerschleuse Europas. Kleine Barken konnten ab 1530 von der Alster in die Trave gelangen, der künstlich gegrabene Alster-Beste- oder Alster-Trave-Kanal war 91 Kilometer lang. Er hatte aber keinen nachhaltigen Bestand, weil der Besitzer der an den Wasserverlauf angrenzende Güter Borstel und Jersbek ihn 1550 wegen eines Streits mit den Hansestädten Lübeck und Hamburg einfach zuschütten ließ. An eine künstliche Wasserstraße für Seeschiffe, die sich einen Weg um Skagen sparen sollten, hatte 1550 der dänische König Christian III. gedacht, er wollte für militärische Zwecke die Königsau ausbauen, um einen Kanal zwischen Ripen und Kolding zu graben.

Sein Bruder, Herzog Adolf I. von Gottorf, dachte ebenso daran, den wikingerzeitlichen Handelsweg zwischen Schlei und Treene zu aktivieren. Es ist bekannt, dass er die Treene mit der Schlei verbinden wollte. Späterhin ergriff der Herzog die Initiative für einen Seekanal unter Einbeziehung des Laufs der Eider; gedacht wohl nur rund neun Kilometer lang zwischen dem Kieler Hafen und dem Westensee. Unter dem 10. August 1571 wandte er sich brieflich an Kaiser Maximilian II. mit dem Vorschlag *das in dem Fürstenthumb Holstain...eine Schiffarth auß der Ostsehe in die Westsehe angerichtet werden khan zu grossem Nutz unnd Vorttl deß ganntzen Hailigen Reichs... Unndt wirdt bey meiner Statt Kill, an der Ostsehe belegen, die Gelegenhaidt erspüret unnd befunden, das mit ainem Graben ungefährlich zwaytausend Rutten lanng, aine Schiffardt durch etliche Sehe und Auen biß in den Wasserfluß, die Eider genanndt, khan gemachet werden, welcher Wasserflus an ime selbst schiffreich ist und in die Westsehe seinen Fall hatt, das also nach gemachetem solchem Graben unnd etzlicher vorfertigen Schleussen die Kauffmanswahren unnd Gütter one alle Gefahr unnd Abentheur Wetters und Winds halben uffs lenngst in drey Tagen aus der Ostsehe in die Westsehe unnd ingleichem auß der Westsehe in die Ostsehe sicher und mit gueter Gelegenheit durchgefüeret werden kann...*[4] Der Kaiser war der Idee gegenüber aufgeschlossen, wollte aber erst hören, was betroffene Städte und Stände zu dem Vorhaben meinten. Deshalb schaltete er die Herzöge von Pommern, die Stadt Lübeck und den Herzog Alba als kaiserlichen Statthalter in den Niederlanden ein. Auch dieser Plan wurde nicht realisiert, genauso wenig wie etwa Wallensteins Projekt im Dreißigjährigen Krieg. Wallenstein kämpfte aufseiten des Kaisers gegen die protestantischen Kräfte und gegen Dänemark und Schweden. Als „General der ganzen Kaiserlichen Schiffsarmada wie auch des Oceanischen und baltischen Meeres General“, der er seit 1628 war, sollte er eine Flotte gegen Dänemark und Schweden aufbauen. Er suchte nach einem Weg, seine Schiffe aus der Ostsee sicher in die Nordsee zu schaffen, aber mit seiner Entlassung 1630 waren auch seine Pläne gegenstandlos geworden.

Die strategischen Überlegungen des Gottorfer Herzogs Friedrich III. waren nicht weniger ehrgeizig und noch dazu raumgreifend. Er gründete 1621 am Zusammenfluss von Eider und Treene eine Stadt, die seinen Namen tragen sollte: Friedrichstadt. Hier gewährte er Glaubensflüchtlingen Zuflucht – durchaus mit dem Gedanken, sein kleines Herzogtum auf die Karte des Welthandels einzuzeichnen. Von Friedrichstadt aus sollte der Handel mit

derung der produktiven Kräfte im Inland durch staatliche Impulse und der Erwirtschaftung von Überschüssen im Außenhandel. Dafür war ein Kanal zwischen Nord- und Ostsee ein ideales Infrastrukturvorhaben. *Mannigfaltige und große Vortheile werden also hieraus für Holsteins inländischen Handel erwachsen*, erwartete F. E. Cramer in einer Denkschrift aus dem Jahre 1781, denn *statt daß ehedem alle Landstädte Holsteins ihre Waaren von den einzelnen See=Städten, die, so schwach ihre Handel auch immer war, dennoch fast die einzigen Oerter dieser Provinzen waren, die noch etwas Handlung trieben, nehmen, und an sie ihre Producte absetzen mußten, werden sie dieselben nun, da natürlicher Weise mehr Fremde hieher nach Holstein handeln werden, von diesen selbst, aus der erstern Hand, erhalten, und die ihrigen vortheilhafter absetzen können.* Und: *Der Hamburger und Lübecker zieht itz fast von allen, auch den courantesten, Waaren, als Caffe, Zukker, Wein, Gewürtze, und dergleichen mehr, von dem größten Theil der holsteinischen Kaufleute großen Vortheil. Statt daß diese ihre Weine eben so wohl von Bourdaux, ihren Caffe und ihre Gewürze wenigstens von den Holländern nehmen konnten, begnügten sie sich damit ihn erst aus der zweiten Hand, und dieß versteht sich von selbst, um einen viel höhern Preis von den Hamburgern und Lübeckern zu kaufen. Der Land=Städter erhält ihn also erst aus der dritten, und von diesem der Landmann aus der vierten Hand.* Hier kam aus merkantilistischer Perspektive ein Kanalbau ins Spiel: *Ein Uebel, welches freylich der Canal ohne Betriebsamkeit unserer Kaufleute nicht beheben wird. Aber es stehet wenigstens gewiß zu hoffen, daß diese Betriebsamkeit durch ihn erweckt werden wird.*[5]

Unabhängig von diesen mittelbaren wirtschaftspolitischen Erwartungen war der Weg an der Westküste Jütlands gen Norden und um Skagen herum sowie in der Ostsee durch den Öresund nicht ungefährlich. Es kam auf dieser Route immer wieder zu Schiffsunglücken und Strandungen. *Die Seefahrende werden es als eine Wohlthat erkennen, daß sie künftig, wenn sie die Gefahren der Ostsee überstanden, sogleich in den besten Häfen vor dem Canal oder in der Nähe Sicherheit bey allen Winden finden können*, schrieb 1784 Georg Bruyn, dazumal Schleswiger Bürgermeister, in einer Denkschrift zur Kanaleröffnung, *und nicht mehr Wochen in den engen Gewässern vor dem Sund bey dem Ausgang aus der Ostsee herumkreuzen und die See=Gefahren verdoppeln dürfen. Von eben so vortheilhaften Folgen ist dieser Umstand an der West=Seite. Die Weser, Elbe, Hever, können bey widrigen Winden zu Schutz=Oertern dienen, wenn auch der Vorschlag, einen bessern Ankerplatz bey Helgoland zu bekommen, nicht ganz sollte ausgeführet werden. Wenigstens sind die Schiffe hier weit sicherer, als wenn sie in der Nord=See vor dem schreckenvollen Cattegat in der Ungewißheit herumschweben, und entweder die nordischen Klippen oder die weit in die See gehende Sandbänke an der West=Küste von Jütland befürchten müssen.*[6]

Tatsächlich hatte der dänische König schon im Januar 1774 den Auftrag erteilt, den Plan zu einem Kanal auszuarbeiten[7]. Zunächst war an eine Streckenführung zwischen Husum und Eckernförde gedacht worden. Das bestechende an der Sache war, dass hier Planungen zu einem Kanal für seegehende Schiffe begonnen hatten, nicht für kleine Wasserfahrzeuge für den Binnenverkehr, wie sonst anderswo auf der Welt. Untersucht wurden verschiedene mögliche Kanalverläufe, etwa zwischen der Kieler Förde und der Elbe über die Stör. Eine Verbindung der Kieler Förde mit der Elbe sollte aber erst der 1895 fertiggestellte, heutige Nord-Ostsee-Kanal herstellen. Im Jahre 1776 befahl der König, dass die Schiffbarkeit der Untereider verbessert werden sollte – Krümmungen wurden begradigt, Untiefen beseitigt. Bei Tönning wurde das Fahrwasser in der Eidermündung durch Tonnen gekennzeichnet und der dortige Hafen wurde ausgebaut. Ein Jahr später begannen die Arbeiten zur Vertiefung der Untereider. Im Juni 1777 wurden die ersten Arbeiten zur Grabung des Kanals zwischen der Kieler Förde bis nach Knoop vergeben, im Oktober 1778 waren sie abgeschlossen. Stück für Stück arbeiteten sich die Unternehmen in Richtung Westen vor, sie hatten mit Grundwasserspiegeln, moorigem oder steinigem Untergrund zu kämpfen. In feuchten Sommern breiteten sich in der Arbeiterunterkünften Fieberkrankheiten aus – im Juli 1783 waren etwa 2600 Männer im Einsatz, fast 1300 von ihnen erkrankten. Die Arbeiter schaufelten die Kanalrinne per Hand. Da, wo es nötig war, kamen sogenannte ‚Muddermaschinen' zum Einsatz, um nachzuarbeiten und die Sohle zu vertiefen, ansonsten ging es mit Schaufel und Spaten, Schubkarren und Rammen zu Werk. Insgesamt sollten für das Kanalbauwerk rund 82 Millionen Kubikmeter Erde bewegt werden. Im Nachgang zu den Grabungsarbeiten galt es, Schleusenbauwerke zu errichten, ebenso von Ost nach West, die erste wurde in Holtenau begonnen. Pfähle aus Eiche, Planken und Bohlen aus Buchenholz kam aus den Herzogtümern, aus Cismar etwa oder aus Knoop. Klinker wurden aus Holland herangefahren, Kalk kam von Fünen und Mauersteine, die in den Bauwerken nicht direkt dem Wasser ausgesetzt sein würden, wurden in der Nähe produziert, in Eckernförde etwa und in Flensburg. Benötigter Sandstein wurde von Bornholm geliefert und Granit aus Norwegen. An jeder Schleuse bauten etwa 60 Zimmerleute, 50 Mauermänner und 100 weitere Handwerker. Die weiteren Doppelkammer-Schleusen entstanden bei Gut Knoop, bei Rathmannsdorf, in Kleinkönigsförde und Kluvensiek. Im Rendsburger Festungsteil Kronwerk schloss dann eine Anlage mit nur einer Schleusenkammer die Reihe ab. An den Ufern der Wasserstraße wurden Treidelwege angelegt, um die Schiffe bei ungünstigen oder fehlenden Winden von Mensch oder Pferd ziehen zu können. Deshalb gehörten Pferdestationen am Kanalverlauf ebenso zur nötigen Infrastruktur, wie Schleusenwärterhäuschen. Und zwei Obelisken aus Granit markierten in der Kieler Förde die östliche Mündung der Wasserstraße.

Im Oktober 1784 konnten der größte Kanal Europas und seine Schleusenanlagen in Betrieb genommen werden, nicht mit königlich-dänischem Repräsentationsaufwand, sondern eher schlicht und einfach dadurch, dass die Mitglieder der Kanalausführungskommission eine Probefahrt mit dem Kanalschiff „Rendsburg“ machten, ein Paketboot folgte. Der Kanal bildete nun die neue Wassergrenze zwischen Schleswig und Holstein und trug folgerichtig auch den Namen Schleswig-Holsteinischer Kanal. Erst als im 19. Jahrhundert der Nationalismus den dänischen Gesamtstaat auseinandertrieb und die Erhebung der Schleswig-Holsteiner 1848/51 gegen die dänische Krone gescheitert war, konnte die Wasserstraße, die ein Ergebnis der Blütezeit des Gesamtstaats gerade in den Herzogtümern war, nicht mehr ihren Namen und zugleich *deren* tragen: Er hieß nun „Eider-Canal“, womit einerseits die topographischen Gegebenheiten beschrieben waren; wer wollte, konnte hierin aber auch eine „eiderdänische“ Manifestation erkennen, die Eider und Kanal als Südgrenze eines dänischen Nationalstaats beschwor. Nachdem die Preußen 1864 Schleswig und Holstein annektiert hatten, wurde der eiderdänisch-konnotierte Name nicht mehr benutzt. Aber auch diese Zeiten änderten sich wieder: Denn ab 1880 machte sich die preußische Obrigkeit Gedanken über einen neuen Kanal zwischen Nord- und Ostsee, der nach dem Kaiser in Berlin heißen sollte. Und um Verwechslungen zu vermeiden, durfte der Vorgänger gern wieder Eiderkanal genannt werden.

Gerade einmal ein Jahr nach der Eröffnung des alten Kanals war an einen Nachfolgebau selbstverständlich noch nicht zu denken. Der Verwaltungsbeamte und Publizist August von Hennings etwa war vom Erfolg der Baumaßnahme felsenfest überzeugt und zeigte sich offenbar von der pharaonischen Anmutung der Holtenauer Obelisken inspiriert: *Soviel ist gewiß*, so stellte er fest, *daß der Kanal und die Schleusen Werke sind, die in der Vollkommenheit der Ausführung nicht übertroffen werden können. Sie verdienen in der That mehr als die Pyramiden Ägyptens und die Gärten der Semiramis unter die Wunder der Welt gesetzt zu werden.*[8]

III.
Literarische Lobgesänge

Der Kanal fand nicht nur in der Welt der Ingenieure und Kaufleute großen Zuspruch, sondern wurde auch schon von den Dichtern und literarischen Wanderern der Zeit in hohen Tönen besungen: Kein anderer als der berühmte

Friedrich Gottlieb Klopstock würdigte Johann Hartwig Ernst Bernstorff, dänischer Außenminister und als Leiter der Deutschen Kanzlei in Kopenhagen für die Herzogtümer zuständig, für seine Verdienste um den Kanal, eine Unternehmung, die, so Klopstock, *auch den Erfolg hatte, daß wir dem Schiffer diesen kürzeren und sicheren Weg in beyde Meere eröffnen konnten. Wer hier den Wegfahrenden oder Ankommenden Flagge wehen, und Segel schwellen sieht, der erinnere sich des Grundlegers mit einer guten Thräne, daß ihm dieser Anblick nicht ward.*[9]

Im Sommer des Jahres 1805 wanderte Johann Gottfried Seume, der mit seiner Beschreibung der berühmtesten Wanderung der deutschen Literaturgeschichte, dem „Spaziergang nach Syrakus im Jahre 1802“, zum Pionier der Reiseliteratur schlechthin geworden ist, in den Norden. Liebeskummer hatte ihn erneut auf die Straße getrieben. In seinem Journal beschrieb er seine Reiseerlebnisse auf dem Weg nach Petersburg und Moskau, durch Finnland, Schweden und Dänemark. Von Kopenhagen war er schließlich im September 1805 nach Kiel unterwegs – bei mäßigem Wind: *Endlich leyerten wir uns doch bis auf einige Entfernung von der Kieler Festung Friedrichsort herein; aber es ging unerträglich langsam.* Von Kiel war Seume nicht sonderlich angetan, er stattete Bekannten Besuch ab und erkundete die nähere Umgebung und kam dann doch ins gemäßigte Schwärmen: *Ein Morgenspaziergang durch Düsternbrook nach der Mündung des Kanals, und von diesem hinauf bis Knop, ist ein Genuß, den zehen Seestädte nicht gewähren. Ich möchte wohl an dem ganzen Kanal hinauf bis an die Nordsee gehen: die Schönheiten müssen zahlreich und mannigfaltig seyn. Von der Mündung bis nach Knop, kaum eine Stundes Weges, begegneten uns eine Menge Schiffe; und ihre Durchfahrt durch die Schleusen giebt Unterhaltung, wenn man es auch schon sehr oft gesehen hat. Das Gut und der Garten des Grafen Baudissen sind zwar auch nicht in dem Stil der hohen Schönheit; das würde die Gegend kaum erlauben: aber es ist in beyden viel Mannigfaltigkeit, und das Nützliche und Angenehme in freundlicher Verbindung. Selten habe ich eine fröhlichere Mahlzeit gehalten, als das Frühstück dort am Kanal im Wirthshause. Fast ward, welches nur sehr selten geschieht, die Stimmung meiner Seele idyllisch […].*[10]

Friedrich Johann Lorenz Meyer, ein in Hamburg ansässiger Jurist, der sich als Reise- und Kunstschriftsteller wie auch als politisch-gesellschaftlicher Berichterstatter etwa aus dem nachrevolutionären Paris oder aus Sankt Petersburg bekannt machen sollte, unternahm im Jahre 1815 eine Sommerreise durch Holstein und verfasste eine stimmungsvolle Reisebeschreibung über seine Streifzüge etwa durch die Forst- und Fruchtbaumschule in Kiel, durch Herrenhaus, Park und Umgebung von Emkendorf oder den berühmten Garten von Schierensee. Auf Gut Knoop des Grafen Baudissin genoss er den *Karakter innern Friedens und philosophischer Ruhe* vor allem in der gutsherrlichen Parkanlage. Dass was Meyer als höchster Reiz der Parkanlage galt, *ist der Holsteinische Kanal, dessen Linie sich unmittelbar an ihm hinzieht, gleich als ob er hier zur Verschönerung des Ganzen angelegt wäre. Nichts ist so überraschend, als wenn in diesem Lusthain wandelnd, man plötzlich in einer der Durchsichten eine kleine Flotte von Dreimastern vorüberschweben sieht, und das Hurrah! des Schiffsvolks, zum Signal der Schleusenöffnung aus dem Walde widerhallt – Dabei gewährt der Durchgang der Schiffe durch die an der Auffahrt des Guts liegende*

Die erste Schleuse

„Die erste Schleuse des Holsteinischen Canals", 1792, Tuschzeichnung von Jes Bundsen.

Aussicht am Holsteinischen Ca

Die „Ansicht am Holsteinischen Canal bey der zweiten Schleuse“ zeigt die Szenerie bei Knoop, 1792, Tuschzeichnung von Jes Bundsen.

Schleusenanlage bei Klein Königsförde, nach Nordwesten gesehen, um 1880.

Schleuse eine interessante Unterhaltung, wegen des Ungewöhnlichen, Einfachen und doch Wohlberechneten dieser Operation, wodurch das Schiff in jeder Schleuse 9 Fuß gehoben wird, um von der Kieler Rehde, bis zu dem 27 Fuß höher liegenden Flemhuder See vermittelst drei Schleusen zu gelangen, und von da ab durch drei Schleusen 22 Fuß wieder herabgelassen zu wird, um die so viel niedrigere Eider und ihren Ausfluß in das Nordmeer zu erreichen.[11] Schon Meyer hatte 1815 von Vergnügungsfahrten auf dem Kanal gehört, auch Jules Verne und seine Reisegesellschaft sollten 1881 fröhlichen Gesellschaften auf Schiffen begegnen. Meyer notierte: *Die Lustfahrt auf Gondeln zwischen Holtenau und dem Gute Knoop soll große Reize haben, und gehört zu den von uns versäumten beliebtesten Lustpartien dieser Gegend. In einer leichten und zu solchen Fahrten eigends bequem eingerichteten Barke, geräumig genug, um eine Familien mit ihren Freunden aufzunehmen, gleitet die Gesellschaft unter Musik und Gesang auf dem stillen Wasserspiegel, wie von einem Park umgeben, hin. An beiden Ufern erheben sich stolze Eichen und Buchen, ihre mächtigen Aeste wie ein schattendes Laubdach über das Wasser hinaus streckend; hin und wieder öffnet sich die Waldwand gegen reiche Saatfelder und buschichte Höhen; überall herrscht Fülle der üppigsten Natur.* Arkadien, so scheint es, lag am Kanal zwischen Holtenau und Knoop.

Adelbert Heinrich Graf von Baudissin hatte Bergbau und Gesteinshüttenkunde studiert, machte sich allerdings einen Namen als Schriftsteller. Nachdem Schleswig und Holstein infolge des Deutsch-Dänischen Krieges um die Herzogtümer von 1864 in aller Munde waren, legte Baudissin seine „Kriegs- und Friedensbilder“ aus dem meerumschlungenen Schleswig-Holstein vor. Und auch in seinen Impressionen fehlte ein Ausflug an den Kanal nicht *und vor uns liegt das zauberische Knoop wie ein Märchen im grünen Hain, eine Idylle, ein wunderbar schönes Plätzchen, dem sich kein anderes in beiden Herzogthümern vergleichen kann, und mir im innersten Herzen lieb, weil dort in dem von Gaisblatt und Rosen, von schwellenden Rasen und altehrwürdigen Bäumen umgebenen Schlosse ‚meiner Väter Wiege stand'. Nirgends in der Welt habe ich schönere Baumgruppen und prachtvollere Rasen gesehen, nirgends hat mich eine so idyllische Ruhe angewandelt wie hier, und wenn ich bisweilen im Schatten einer mächtigen Buche ausgestreckt lag und dem Jubelchor der Singvögel lauschte, während die Segel der Kauffarteischiffe langsam vor meinem Auge vorüberzogen, bald hinter blühenden Hecken, bald hinter dem Schlosse verschwanden und dann wieder durch das saftige Buchenlaub sichtbar wurden, habe ich geglaubt, ein Märchen zu erleben, und es hat mir Mühe gekostet, in das jämmerliche Alltagsleben zurückzukehren und dem schönen Träume zu entsagen.*[12]

Der ausführlichste und auch schönste literarische Text über den Kanal entstammt allerdings keiner deutschen Feder, sondern kam zustande, weil der französische Schriftsteller Jules Verne am 15. Juni 1881 in Wilhelmshaven Mut und Spaß am Risiko bewies und sich entschloss, auf Entdeckungsreise zu gehen: Er hatte dort von dem Kanal zwischen Nord- und Ostsee gehört und er ging das Wagnis ein, dies ehemalige Wunderwerk der Ingenieurbaukunst in Augenschein und auch in Anspruch nehmen zu wollen. Zu Vernes Reisegesellschaft gehörten sein Bruder Paul, dessen Sohn Gaston und der Advokat Robert Godefroy aus Amiens. Paul Verne veröffentlichte unter seinem Namen die

Eiderkanal-Zugbrücke und Schleuse Knoop. Fotografie Friedrich Braune, um 1890.

Reportage *Von Rotterdam nach Kopenhagen an Bord der Dampfyacht ‚Saint Michel'*. Untersuchungen von Volker Dehs haben gezeigt, dass Jules Verne an diesem Text durchaus mitformuliert hat.[13]

Die Fahrt scheint nach unbekannten Welten zu gehen[14] heißt es in Paul Vernes Text über die Entdeckungsfahrt, die die Dampfyacht zwischen Rendsburg und Kiel unternahm. Vor allem durch diesen Satz ist die Schilderung der Reiseerlebnisse mit den Romanen und Erzählungen aus dem Zyklus der *Voyages extraordinaires*, der Außergewöhnlichen Reisen des Schriftstellers Jules Verne verbunden. Die Reportage *Von Rotterdam nach Kopenhagen an Bord der Dampfyacht ‚Saint Michel'* stand schon Anfang August

1881 in Frankreich in der Zeitung, bevor sie größere Verbreitung dadurch erlangte, dass sie als Anhang zu Jules Vernes in zwei Bänden erschienenen Roman *Die Jangada* 1881 nochmals veröffentlicht wurde[15]. Der Amazonas-Roman *Die Jangada* kann wegen der umfangreichen mitgeteilten populärwissenschaftlichen Informationen im Umfeld der Reise zu Vernes wissenschaftlichen Abenteuerromanen gezählt werden[16] und ist zugleich eine *herrliche Räuberpistole.*[17]

Die Reportage von Paul Verne bezaubert vor allem dort besonders, wo sie von der Passage durch Schleswig-Holstein handelt. Durch die eigentümliche Stimmung von Naturbeobachtungen und die Schilderung von Schifffahrtserlebnissen klingt sie wie eine Mischung aus frühem *nature writing* und Seemannsgarn und nicht wie die Beschreibung einer Fahrt durch ein infrastrukturell und industriell modernisiertes Schleswig-Holstein. Inzwischen war die Bedeutung der Wasserstraße für den internationalen Seeverkehr stetig zurückgegangen, denn die Abmessungen der Schiffe wuchsen über die Maßstäblichkeiten des Kanals hinaus. Die Erzählung über Jules Vernes Fahrt auf Eider und Kanal schließt nahezu bruchlos an die literarischen Lobgesänge von Klopstock und Seume, Meyer und Baudissin an – und sie widerlegt auf ihre Weise die großen Erwartungen, wie sie die Denkschriften etwa von Cramer und Bruyn ein Jahrhundert zuvor formuliert hatten. Die Vernes sahen an den Back- und Steuerbordufern kaum Anderes als ihre literarischen Vorgänger unter den Laubengängen des Kanals und ihr Text wurde so auch zu einem Sinnbild dafür, dass dieser Kanal Ende des 19. Jahrhunderts seine besten Tage hinter sich gelassen hatte. Eine neue Zeit kündigte sich an, und ein neuer Kanal auch.

IV.
Tönning – Friedrichstadt – Rendsburg – Kiel

Am Abend des 15. Juni 1881 traf die *Saint Michel* in Tönning ein, dem Hafenort, der von Anfang an als *Schlüssel des Canals an der westlichen Mündung* galt, dessen Bevölkerung wieder *in Flor* gebracht würde [18]. Dort ließ Jules Verne Kohle nachladen. Der Tönninger Hafen verfügte dazumal über eine eigene Kohlenbrücke. Der Hafen spielte über Jahrzehnte eine besondere Bedeutung für den Warenexport nach England. Vom Kanal mochte man sich nun einen allgemeinen Aufschwung und eine Belebung der örtlichen Kaufmannschaft versprochen haben. *Es müßte aus der ganzen Landschaft Eyderstedt, aus dieser grossen Vorrathskammer, künftig kein Product anders als durch die Vermittelung dieser Kaufleute im Kleinen und Grossen eingekauft und verfahren werden! Den Wollhandel hieher zu leiten, wäre leicht,* so Georg Bruyn 1784, und: *Ausser den damit verbundenen Vortheilen, würde man noch zugleich das gute Werk stiften, daß der benachbarte Landmann den vollen Werth erhielte, da er itzo von dem Gesindel der Aufkäufer abhängt und daher um die Verbesserung seiner Waare unbekümmert bleibt. Federn, Wachs und Honig, womit ebenso unregelmäßig verfahren wird, könnten denselben Weg nehmen.*[19]

Der Bau des Eiderkanals wirkte sich tatsächlich positiv auf den Hafenbetrieb aus: Tönning war nun auch an den Schiffsverkehr in der Ostsee angebunden, direkt am Hafen entstand 1783 ein Packhaus, das bei einer Grundfläche von 77 x 13 Metern auf drei Voll- und zwei Dachgeschossen rund 4.000 Quadratmeter Lagerfläche bot, modern ausgestattet mit Aufzügen und Laufkränen. Hier konnte gestapelt werden, was ein- oder ausgeführt werden sollte. Zwar verlor Tönning mit dem Kanal gegen eine einmalige Abfindung das Privileg, Tonnen und Baken als Seezeichen vorzuhalten und dafür von der Schifffahrt Beiträge einziehen zu dürfen, das war nun der neugeschaffenen Kanalbehörde mit Sitz in Rendsburg vorbehalten. Aber die ebenso neu geschaffene Funktion des Lotseninspektors, dem die Lotsenabteilungen für die Abschnitte der Eidermündung auf der Eider und dem Kanal unterstellt waren, erhielt ihren Sitz in der kleinen Hafenstadt. Und der Schiffsbetrieb blühte durch den Kanal auf wie der Warenverkehr. In den 1830er Jahren betrug der Durchgangsverkehr jährlich rund 6.000 Schiffe. Das Hafengeschäft boomte allerdings über alle Maßen in napoleonischen Zeiten. Durch die französische Kontinentalsperre und die englische Elbblockade ab 1803 liefen die für Hamburg bestimmten Schiffe nun Tönning an. Die Waren wurden hier auf Pferdefuhrwerke umgeladen oder auf flachgehende Wattensegler, die dann nach Hamburg durchs Wattenmeer gingen – dahin konnten die tiefer gehenden britischen Kriegsschiffe nicht folgen. Während der Kontinentalsperre stiegen die Zolleinnahmen in Tönning von 25.000 auf 200.000 Taler jährlich, der Hafen war stets voller Schiffe, die Packhäuser ausgelastet und die Bauern ließen ihre Felder liegen und erledigten stattdessen Fuhrgeschäfte.[20] Im Laufe des 19. Jahrhunderts flaute dieser Boom wieder ab, der Hafen hatte auch gegen eine zunehmende Verschlickung zu kämpfen. Aber zwei Jahre vor Vernes Besuch in Tönning war gerade durch die Reichsbahn eine neue Fähre installiert worden, die Dampffähren „Falke" und „Adler" pendelten zwischen Tönning auf Eiderstedt und dem Karolinenkoog auf dem dithmarscher

Ufer – bis dahin lief nämlich die Bahnlinie, die, von Neumünster über Heide kommend, Westholstein an das Bahnnetz anschloss und mit der Fähre jetzt über die Eider reichte.[21]

Jules Verne ließ in Tönning also Kohlen an Bord nehmen, forderte einen Kanallotsen an und erfuhr dort, dass seine Yacht wohl zu lang sei, um die Kanalschleusen zu passieren. Unter dem 24. Juni berichtete ein in Tönning ansässiger Konsularischer Agent an das Französische Generalkonsulat in Hamburg über die Ereignisse der vorangegangenen Woche: *Bei dieser Gelegenheit habe ich das Vergnügen,* so der Beauftragte Peter Becker, *Ihnen mitzuteilen, dass ich vor einigen Tagen die Ehre hatte, dem Herrn Jules Verne mit seiner Dampfyacht „St Michel" aus Nantes weiterzuhelfen. Dieses Schiff hat eine Länge von 35 Metern und Herr Verne hatte zuvor an das Gouvernement geschrieben, um die Genehmigung zum Passieren der Schleusen des Kanals zu bekommen. Das Gouvernement teilte ihm mit, dass das Schiff zu lang sei, um die Schleusen passieren zu können und dass es daher nicht möglich sei, es durchfahren zu lassen. Trotzdem entschloss sich Herr Verne auf meinen Rat hin seinen Weg bis Rendsburg fortzusetzen und Dank meiner Bekanntschaft mit den Autoritäten konnte er den Kanal ohne große Kosten oder Verzögerungen durchfahren.*[22] Am Donnerstag, 16. Juni 1881 waren die Vorräte aufgefüllt, die Formalitäten erledigt und die Entscheidungen getroffen. In seinem Tagebuch notierte Jules Verne kurzerhand: *Wir fahren ab.*[23]

Die Verne'sche Dampfyacht zog an Friedrichstadt vorbei, dem Ort, für den sich die weltläufigen, kühnen Erwartungen seines Stadtgründers und Namensgebers Herzog Friedrich III., eine Handelsmetropole an einer Art neuer

Seidenstraße zu werden, nicht erfüllt hatte. Der Denkschriftverfasser Georg Bruyn knüpfte seine Erwartungen für das anbrechende Kanalzeitalter an diesen Gründungsgedanken der Stadt: *Man kann also von einer zur Handlung* (= zum Handel, FT) *und Unternehmungen so geneigten als geübten Stadt erwarten, daß sie sogleich Antheil an der Canal=Fahrt nehmen und andere, die mit den ersten Grundsätzen der Handlung sich erst bekannt machen, und um Verbindung mit Auswärtigen sich bewerben sollen, sich nicht werden vorgehen lassen.* Und: *Der Kornhandel der Marschen wird ihr Eigenthum bleiben und eine bessere Richtung erhalten. Die Rafinaderien werden sich durch den neu gebahnten Weg zum Debit nach der Ostsee erweitern und vervielfältigen, da die zu erwartende directe Zufuhr der rohen Zuckern den Eigner dieser Anlagen aufmuntert. Hier kann der Depot von allen holländischen kurzen Waaren errichtet werden, um solche nach der Ostsee, wo man sie sucht, zu versenden, und den beschwerlichen Umweg zu vermeiden. Der Rabsaat=Handel ist, nach obiger Bemerkung, nun nicht länger den vorgeschriebenen Preisen der Holländer unterworfen. Die Oelmühlen lassen sich aus derselben Ursache mit mehrerm Nachdruck und mit sichern Vortheilen betreiben, da diese Waare in der Ostsee höhere Preise verspricht.* Und schließlich: *Das längst berühmte Bier, wovon die eine Sorte dem englischen Ale völlig gleich kommt, wird nun auch auswärts bekannt und gesucht werden. Wenn die Wollen=Manufacturen, wovon einige unverbesserlich sind, erweitert würden; so könnten diese mit den übrigen dort verfertigten Fabrikwaaren einen wichtigen Exportations=Artikel verschaffen.*[24] Bei aller Belebung des wirtschaftlichen Lebens der Stadt durch den Kanalverkehr stand Friedrichstadt doch im Schatten Tönnings, das durch seine Lage an der Eidermündung begünstigt war und zu seinen ausgebauten Hafenanlagen auch noch das Packhaus bekommen hatte.

Noch am Abend des 16. Juni 1881 kam die Verne'sche Reisegesellschaft in Rendsburg an. Die Dampfyacht des Schriftstellers hätte um Haaresbreite nicht mehr in die Schleusenkammer gepasst, die erste von den sechs Anlagen, die den Wasserstand zwischen Obereider und Kieler Förde regulierten. Fast könnte das Bild der für die Rendsburger Schleuse zu großen Yacht mit rauchendem Schornstein ein Sinnbild sein dafür, dass die Segelschiff-Zeit für den alten Kanal ablief. Die Schiffe der Handelsflotten wurden größer und größer und wuchsen über die goethezeitlichen Abmessungen der einst so innovativen Wasserstraße hinaus.

Auch Rendsburg, die altehrwürdige Festungsstadt, sollte vom Kanalbau profitieren. Georg Bruyn standen 1784 die Vorteile für Rendsburg deutlich und mannigfaltig vor Augen – *daß die Stadt in der Mitte von beyden Meren liegt, dass die grosse Landstraße von Deutschland nach Norden hier durchgehet, daß es mit Hamburg und Altona durch den abgekürzten Weg in nähere Verbindung kömmt, daß sich hier die Aussicht über den ganzen Canal vereiniget, und hier der Zoll und alle Kosten des Beförderungswesen in der weisen Absicht entrichtet werden sollen, damit die Schiffe bey der Durchfahrt nicht aufgehalten und mit Nebenrechnungen und willkührlicher Behandlung bebürdet werden. Hieraus kann man sicher folgern, daß jeder Rehder und Kaufmann, der Waaren und Schiffe durch den Canal gehen läßt, dort einen Correspondenten bedarf, welches Gelegenheit zum Etablissement neuer Handelshäuser geben wird. Assecuranz=Compangnien müssen hier errichtet werden, und alle bis auf den geringsten Handwerker*

Die Carlshütte vor den Toren Rendsburgs, sichtbares Zeichen der Industrialisierung. Lithografie von Johann Friedrich Fritz, um 1840.

und Tagelöhner werden neue Quellen zum Erwerb dabey finden.[25]

Den jetztigen Wohlstand der Stadt, so beschrieb es 1841, vier Jahrzehnte vor Vernes Reise der Topograph Johannes von Schröder, der in Rendsburg als Soldat Dienst getan hatte, *verdankt dieselbe dem Schleswig-Holsteinischen Canal; der Handel mit Holz und Schwedischen Produkten ist nicht unbedeutend; einen großen Theil der Einwohner ernährt der Speditionshandel, das Brauen und Brennen, die Schiffsrhederei und Schiffahrt.*[26] Auch hier war nach dem Kanalbau ein Packhaus errichtet worden, wenn auch mit einer Grundfläche von 29,5 x 12,6 Metern von kleineren Abmessungen als der Tönninger Bau und mit drei Voll- und nur einem Dachgeschoss ausgestattet. Diese

Dimension nahm die Erwartung vorweg, dass Rendsburg vom Kanal allerdings wohl nicht soviel würde profitieren können, wie das Städtchen an der Mündung der Eider. Im Gegenteil musste Rendsburg seinen alten Schiffbrückenhafen an die Kanalkommission abgeben und auf sämtliche Einnahmen aus dem Hafen verzichten. Zwar war die Stadt nun auch von der Pflicht zur Unterhaltung des Hafens entlastet, aber unmittelbar positive Impulse ergaben sich kaum. Die Carlshütte sollte ein sichtbares Zeichen der Industrialisierung der Herzogtümer und ein bedeutender Betrieb werden, allein sie entstand vor der Stadtgrenze. *Man muss sich fragen*, so der Stadthistoriker Edward Hoop zweihundert Jahre später, *was der Kanal den Bürgern der Stadt überhaupt bringen konnte. Kanaldurchfahrt, Umschlag in Rendsburg, Hafengelder, Zölle usw. waren Sache der Kanalkommission und nicht der Stadt. Für die Rendsburger war nicht einmal mehr die Schiffahrt auf der Eider frei. Lediglich Gasthäuser und Einzelhändler konnten hoffen, daß sie durch die Schiffer, die in Rendsburg festmachten, zusätzliche Kundschaft bekamen*[27]. So unbestreitbar der infrastrukturelle und überörtliche Nutzen des Kanals war, für Rendsburg hätte er nur einen Aufschwung bewirken können, *wenn*, so Hoop, *die dortigen Kaufleute noch Kraft und Kapital gehabt hätten, wieder in den Fernhandel einzugreifen. Festungsanlagen und Kanal waren beeindruckende Bauwerke, steigerten das Ansehen der Stadt und gaben ihr Konturen und Gesicht. Aber solange Rendsburg Festung war, verharrte es in dieser wirtschaftlichen Erstarrung. Auch der Kanal konnte unter diesen Umständen keine Wende bringen.*[28] Auch Paul und Jules Verne nahmen Rendsburg in erster Linie offenbar als Festungsstadt wahr. Sie machten einen Spaziergang in der Stadt, Jules Verne nennt in den wenigen Stichworten, die er darüber notiert, *die Kaserne, eine Brigade, das Menschengedränge*[29]. Offenbar war den französischen Besuchern aber klar, dass Rendsburg seit alters her eine Grenzstadt war und tatsächlich gehörten nördliche Teile der Stadt zu Schleswig, die Altstadt wurde als zu Holstein gehörig angesehen. Die Inschrift am Altholsteiner Tor der Rendsburger Festung, die mit dem Wortlaut *Eidora Romani Imperii Terminus* daran erinnert, dass die Eider die Grenze des römischen Imperiums darstellte, haben die Vernes offenbar bewusst zur Kenntnis genommen. Andererseits hat auch ihr Besuch in der Festungsstadt keine größere Aufmerksamkeit erregt. Das Rendsburger Wochenblatt vermeldete nur kurz und knapp am 18. Juni: *Rendsburg, 17. Juni. Ein mit Schooner-Takelage versehener franz. Vergnügungsdampfer passierte gestern Abend auf der Fahrt von Westen nach Osten unsere Schleuse. Derselbe kam zunächst von Wilhelmshaven und ging heute Morgen nach Kiel. Am Bord desselben befindet sich der in neuerer Zeit durch seine Schriften auch in Deutschland bekannte französ. Schriftsteller Verne.*

Die Eider war befahren, der Kanal durchquert, die *Saint Michel* lag nun am 18. Juni 1881 in der Kieler Förde. Zeit und Gelegenheit für Jules Verne, dem Sohn seines Verlegers Hetzel – dieser hieß auch Jules – Grüße zuzusenden: *Kiel, Sonnabend 18.*, schrieb Verne, und: *Mein lieber Jules, die Unbestimmtheit unserer Reise ist derart, dass noch niemand von uns einen einzigen Brief aus Frankreich erhalten hat. Niemals wissen wir, wohin wir fahren, und wir können es auch nicht wissen. Ich habe an Bord einen englischen Lotsen, der uns seit der englischen Küste nicht verlassen hat, und nach seiner Meinung wie der seiner Kollegen war es nicht möglich, mit dem Schiff eine Fahrt von dreihundert Meilen*

Einmündung des Eiderkanals in die Kieler Förde bei Holtenau, Fotografie von Schmidt & Wegner, um 1880.

entlang der Westküste Dänemarks ohne einen Zufluchtshafen zu riskieren. Aber mit dem nötigen Eigensinn ist es uns gelungen, Holstein auf dem Kanal zu durchqueren, nachdem wir den Bugspriet demontiert hatten, um kürzer zu sein. Zwei Zoll länger, und wir hätten nicht passieren können! Wir werden also morgen nach Kopenhagen abfahren, wo wir Montag ankommen werden. Dort wird die Reise enden. Wir verzichten auf Stockholm und Kristiana[30]*; wir werden über Kiel und Hamburg zurückkehren. Was wollen Sie machen. Ich hatte das Schiff zu gut eingeschätzt. Die Fahrt hat es überfordert.* Verne teilte dem Verlegersohn dann noch Geschäftliches und Geschäftsmäßiges mit, um zu resümieren, die Reise durch *Holstein war herrlich.*[31]

Wer im 18. Jahrhundert von Westen her durch den Kanal kam und die Kieler Förde erreichte, landete allerdings zunächst nicht in Kiel an, sondern in Holtenau – die Stadt war noch nicht bis dorthinaus gewachsen. Das Holtenauer Packhaus war dem aus Tönning baugleich und bot hinreichende Stapelmöglichkeiten. Georg Bruyn sah die wirtschaftlichen Chancen Kiels 1784 in seiner Nähe zur Kanalmündung: *Jedes Schif, das aus der See kömmt oder dahin gehet, suchet frische Victualien* (= Lebensmittel, FT), *hat verschiedene Bestellungen und Bedürfnisse, welches es nie an der Mündung des Kanals finden wird, wenn auch einige wenige Häuser mehr daselbst erbauet werden sollten. Es ist auch die Absicht nicht, hier mehrere Gebäude und Wohnungen aufzuführen, als zur ersten Hülfe bey dem Ein= Aus= und Fortbringen der Schiffe nöthig sind.*[32] Aus damaliger Perspektive hielt er die Entfernung Kiels von der unmittelbaren Kanalmündung für keinen Nachteil: *Es ist diese Stadt in aller Hinsicht so beglückt, als wenn sie dicht am Canal läge. Hier können besser als an jedem andern Orte am Canal Schiffe gebauet, Rhedereyen besorget, Niederlagen* (= Niederlassungen, FT) *gemacht und ein ausgebreiteter Handel mit ganz Europa und nach andern Welttheilen betrieben, und hier das Centrum der Verbindung des ganzen Canal=Handels errichtet werden. Es ist kein Ort bequemer, Winterlager zu halten, und zum Ein= und Auslossen* (= Ein= und Auslöschen, FT), *wie auch zur Erbauung der Schiffe an der Stadt der nöthige Platz ist. Grössere Schiffe, welche nicht durch den Canal gehen können, werden hier ein= und auslossen, und weil vor hier die fahrenden und reitenden Posten nach allen Gegenden abgehen; so kann kein Schiffer die Hülfe dieser Stadt entbehren, welches viele Commißionen zur Folge hat.*[33] In den nachfolgenden Jahrzehnten sollte sich diese Erwartung allerdings nicht erfüllen. Kiel war dazumal keine Handelsstadt und es mangelte an entsprechenden Initiativen aus der Stadt heraus, diese Situation zu verändern. Auch der Schiffbau an der Förde war bescheiden, 1836 und 1839 wurden nur je drei Schiffe in Kiel gebaut.[34] Bis zur Mitte des 19. Jahrhunderts war die Anmutung des Städtchens an der idyllischen Förde inmitten romantischer Wälder noch so, wie die literarischen Flaneure der Goethezeit sie gesehen hatten.

Der Gedanke an eine militärisch-geostrategische Bedeutung eines Kanals zwischen Nord- und Ostsee blieb allerdings auch dazumal nicht unausgesprochen. Tatsächlich waren ja die Hauptorte am Verlauf der neuen Schifffahrtsroute Tönning, Rendsburg und Kiel auch traditionsreiche Festungsorte. Die Festung Tönning war zwar Anfang des 18. Jahrhunderts geschleift worden, aber neben Kiel war Rendsburg bis in das 20. Jahrhundert hinein ein bedeutender militärischer Stützpunkt. Und so stand auch am Anfang der Kanalgeschichte die geostrategische Überlegung einer seegängigen Verbindung der Nordsee mit der Ostsee wenn nicht im Mittelpunkt, so doch im Blickfeld, wenn man sich Gedanken zu diesem Kanalprojekt machte. Drei Jahre vor der Eröffnung des alten Kanals jedenfalls schrieb F. E. Cramer: *Endlich scheint auch noch kein geringer Vortheil für Dännemarks Sicherheit auf den Fall eines einmal zu entstehenden Krieges, und welches Land ist eines steten Friedens gewiß? aus diesem Canale zu erwachsen. Sollte gleich der Durchgang durch den Sund, welches freylich sehr übel wäre, durch eine Flotte gesperret werden, so blieben alsdann immer Rendsburg und Kiel, wegen ihrer Communication mit den beyden Meeren, sichere Vorraths=Kammern für Dänemark. Ein Vortheil, auf den man auch von Seiten der Regierung gedacht zu haben scheinet, da es von Anfange an ein Augenmerk bey Leitung des Ganges des Canals gewesen ist, seine Mündung unter den Schutz einer Festung zu legen.*[35]

Nach dem Ende des dänischen Gesamtstaats, nach dem Krieg Preußens und Österreichs gegen Dänemark und dem Sieg der deutschen Truppen bei Düppel 1864 änderten sich in Kiel die Zeiten. Schon im März 1865 hatte der preußische König verfügt, dass die Marinestation der Ostsee von Danzig nach Kiel zu verlegen ist. Dieser Schritt war fast so etwas wie eine zweite Stadtgründung Kiels, denn mit der Verlegung der Marine hierher war Kiels geostrategische Lage anerkannt. Ein Marinedepot wurde dort angelegt, Truppen nach Kiel verlegt und die gesamte Küste der Förde durch Forts gesichert. Nach dem preußischen Sieg über Österreich 1866 begann der Ausbau Kiels zum Kriegshafen. Und nach dem deutschen Krieg gegen Frankreich und der Reichsgründung von Versailles 1871 wurde Kiel zum Reichskriegshafen deklariert. Nun schauten auch Kaiser und Reichskanzler an die Förde.

Das neue Kiel und der neue Kanal waren nicht mehr Vorbilder für romantische Schilderungen, sie sind durch den Roman *Das Rätsel der Sandbank* des irischen Autors Erskine Childers 1903 in die Literatur eingegangen. Er erzählt die abenteuerliche Geschichte der Engländer Carruthers und Davies auf ihrer kleinen Yacht *Dulcibella*, die sich in eine internationale Spionageaffäre verwickeln. *Als wir uns dem Glühen am Himmel näherten, das Kiel anzeigte, passierten wir eine mächtige funkelnde Masse, die mitten im Fahrwasser vor Anker lag. ‚Kriegsschiffe' murmelte er hingerissen.* Und auch der neue Kanal zeigte sich gänzlich anders, als die beschauliche Wasserstraße zwischen Kiel und Rendsburg eineinhalb Jahrzehnte zuvor, die Schleusen von Holtenau etwa präsentierten sich nicht mehr holsteinisch-pharaonisch, sondern preußisch-titanisch : *Wir umfuhren die letzte Landzunge*, heißt es im *Rätsel der Sand-*

bank, und: *steuerten auf eine Schar bunter Lichter zu, holten die Segel nieder und legten an den riesigen Toren der Holtenauer Schleusen an. Daß sie sich für einen so winzigen Bittsteller öffnen würden, schien schwer vorstellbar. Aber sie öffneten sich mit schwerfälliger Majestät, und unser kleiner Schiffrumpf verlor sich im Schoß der Schleuse, die dazu ausersehen war, die größten Schlachtschiffe zu tragen.* Und auf dem künstlichen Seeweg selbst von Kiel nach Brunsbüttel an der Elbe war jetzt auch keine Spur mehr von Ausflugsdampfern, Laubengängen, Seerosen und Stieglitzen: *Zwei Tage lang fuhren wir langsam die mächtige Wasserstraße hinunter, die strategische Verbindung zwischen beiden Meeren Deutschlands. Breit und gerade, die Ufer massiv befestigt, nachts elektrisch beleuchtet und heller als so manche Londoner Straße, von großen Kriegsschiffen und reichen Kaufleuten ebenso befahren wie von bescheidenen Küstenfahrzeugen, ist sie das Symbol der neuen und gewaltigen Kraft, die, kontrolliert vom Genie der Staatsmänner und Ingenieure, das Kaiserreich unwiderstehlich dem Ziel maritimer Größe entgegentrieb. „Ist das nicht großartig?“ sagte Davies, „Er ist ein feiner Kerl, dieser Kaiser.“*[36]

Die Kriegsmarine wurde zum bestimmenden Faktor in Kiel. Kasernenanlagen und Werften entstanden. In kurzer Zeit wuchs die Einwohnerzahl der Stadt. Paul und Jules Verne nahmen Kiel nur zehn Jahre nach der französischen Niederlage in Augenschein und sie registrierten die Armierung der Fördeufer aufmerksam. Sie konnten sie wohl auch kaum übersehen, als sie am 18. Juni 1881 aus der Förde hinaus auf die Ostsee gen Dänemark dampften. Die Vernes meinten sogar, die Kruppsche Riesenkanone am Fördeufer zu entdecken, die 1867 auf der Pariser Weltausstellung ausgestellt worden war. Auch von Plänen zum Bau eines neuen, größeren Kanals hatten die französischen Reisenden gehört.[37] Ihnen war bewusst, dass dieser so beschaffen sein würde, dass gerade größere und modernere Kriegsschiffe ihn würden passieren können und dass Kiel auf diese Weise mit Wilhelmshaven verbunden wäre, das 1869 von den Preußen als Marinehafen gegründet worden war. Und so war das letzte, was Jules Verne an jenem Sonnabendnachmittag von Kiel sah, wenig idyllisch. In seinem Bordbuch notierte er: *Wir sehen die Befestigungsanlagen, die Kasernen. Der Ausgang der Bucht ist erreicht. Die drei Leuchtfeuer sind in Sicht. Um Mitternacht gehe ich schlafen.*[38] – Den Kometen, den er in der Nacht mit bloßem Auge über der Ostsee zu sehen bekam, wohl der nach dem australischen Astronomen John Tebbutt benannte Schweifstern, der im Juni 1881 auch von Beobachtern auf der Nordhalbkugel zu sehen war, den erwähnte er in seinem persönlichen Bordbuch nicht. Tebbutt hatte diesen Kometen, der wegen seiner auffälligen Helligkeit auch „Großer Komet" genannt wird, im Mai 1881 von Sydney aus entdeckt. Ziemlich exakt zwanzig Jahre zuvor übrigens hatte Tebbutt schon einmal einen „Großen Kometen" identifizert – in dem Jahr, in dem Jules Verne seine erste Nordlandreise unternahm.[39]

V.
Erinnerung an eine frühere Reise

Als die *Saint Michel* auf ihrer Reise in den Norden am 17. Juni 1881 in der Kieler Förde vor Anker ging, mag dem französischen Erzähler Jules Verne die Erinnerung an seinen ersten Kiel-Besuch in den Sinn gekommen sein. Denn ziemlich genau zwanzig Jahre zuvor, im August 1861, ist er bereits hier an der Förde gewesen[40], damals freilich noch nicht als der weltberühmte Schriftsteller, dessen Besuch von der örtlichen Zeitung gemeldet worden wäre, sein erster Erfolgsroman *Fünf Wochen im Ballon* sollte erst 1863 erscheinen. Im Sommer 1861 war er auf der Durch- und Rückreise in umgekehrter Richtung, von Norden nach Süden: Nach einer Skandinavienreise mit Besuchen in Südschweden und Südnorwegen – die Route führte ihn damals von Stockholm über das heutige Oslo nach Kopenhagen und von dort über Korsör nach Kiel. Dort traf er am 7. August 1861 ein, in seinem Reisetagebuch notierte er auch damals schon, was ihm besonders auffiel – die Schönheit der Förde, der dicht belaubte Wald an den Ufern, die Promenade und die Badehäuser am Wasser. Unverzüglich stieg er im Kieler Bahnhof in den Zug nach Altona und über Hamburg ging es zurück nach Paris. Bei der Anreise von Frankreich nach Stockholm hatte der Weg Verne nicht über Kiel geführt, sondern er reiste am 5. Juli 1861 von Lübeck mit dem Raddampfer „Svea" über die Ostsee nach Skandinavien. In der Hansestadt hatte er sich kurz umgesehen, eine kleine Skizze vom Holstentor in sein Tagebuch gezeichnet und notiert: *Der Anblick von Lübeck. Ohne seine Türme könnte man es für ein Dorf auf dem flachen Lande halten. Die Svea wird bis nach Travemünde durch die Windungen der Trave geschleppt. Bei ihrer Länge könnte man sie sonst nicht steuern. Die Trave rollt ihr schwarzes und tiefes Wasser mitten durch eine entzückende Ebene. Ein wahrer Strom, der Dreimaster und gewaltige Steamer trägt. Das Land ist fast bis in den Fluss hinein durch Ackerbau genutzt und hat ein herrliches Grün. Einige Landhäuser von Lübecker Senatoren sind zu sehen. Es wirkt genauso wie in der Normandie.*[41]

Diese Skandinavienreise, in deren Zuge Jules Verne die Städte Altona, Hamburg, Lübeck und Kiel gesehen hatte, sollte ihre literarischen Folgen haben, die in Deutschlands Norden weisen. Die Reise zum Mittelpunkt der Erde in Vernes zweiten Roman, der 1864 erschien, beginnt nämlich in Holstein: *Altona, eine richtige Hamburger Vorstadt, ist Ausgangspunkt der Eisenbahnlinie nach Kiel, die uns bis zum Ufer des Belts bringen sollte. Nach weniger als zwanzig Minuten erreichten wir Holsteiner Boden.*[42] Otto Lidenbrock aus Hamburg, Königstraße 19, Gymnasialprofessor am Johanneum, und sein Neffe Axel, Protagonisten in *Reise zum Mittelpunkt der Erde*, waren nicht auf dem Weg in die Sommerfrische an der Ostsee, sondern fuhren über die holsteinischen Städte Altona und Kiel und über Kopenhagen nach Island, um dort durch ein Kraterloch nirgendwo anders hin zu gelangen, als in die Unterwelt im Erdinnern. Und Jules Verne erzählt, was Axel bei der Reise quer durch Holstein durch den Kopf ging: *Es war eine lange Abfolge von wenig Aufsehen erregenden Ebenen, eintönig, schlammig und recht fruchtbar: ein Land, das wie geschaffen war zum Bau von Eisenbahnen und hervorragend geeignet für die schnurgeraden Linien, die den Eisenbahngesellschaften so sehr am Herzen liegen. Doch diese Eintönigkeit kam gar nicht erst dazu, mich zu ermüden, denn drei Stunden nach unserer Abreise hielt der Zug in Kiel, einen Katzensprung vom Meer entfernt.*[43] In Kiel hatte Lidenbrock, weil der Gang der Romandinge dies so wollte, mehr Zeit, als ihm lieb war, er fieberte der Abfahrt des Dampfers entgegen: *Auch in Kiel musste, wie überall, ein Tag einmal zu Ende gehen. Während wir noch an den grünen Ufern der Bucht entlangspazierten, an der sich die kleine Stadt erhebt, die dichten Wälder duchstreiften, die ihr den Anschein eines Nestes mitten im Buschwerk verleihen, die Villen bewunderten, die alle mit kleinen Badehäuschen ausgestattet sind, durch die Gegend rannten und fluchten, wurde es schließlich zehn Uhr abends.*[44]

Dass Vernes berühmt gewordener Professor Lidenbrock ein Pendant in der Realität hatte, zeigte Volker Dehs, indem er den Hamburger Wissenschaftler und Lehrer Karl Möbius in den Blick nahm.[45] Möbius gab am Johanneum Unterricht in verschiedenen Naturwissenschaften, von 1860 bis 1863 auch Mineralogie, Krystallographie und Grundzüge der Geologie. Karl Möbius folgte 1868 einem Ruf als ordentlicher Professor nach Kiel an den neu gegründeten Lehrstuhl für Zoologie an der Universität am Schlossgarten. Zu seinen Aufgaben gehörte auch die Leitung des Zoologischen Museums. Es ist von eigentümlicher Ironie, dass der Neubau des Zoologischen Museums, in dem Möbius wirkte, am 31. Juli 1881 eröffnet worden ist, zwei Wochen, nachdem Jules Verne mit der *Saint Michel* auf der Förde an Schlossgarten und Neubau vorbei zu seinem Ankerplatz gedampft ist. Um in Kiel auf das reale Pendant von Professor Otto Lidenbrock zu treffen, hätte Jules Verne es nicht weit gehabt.

VI.
Pilgerfahrt an die Eider:
Arno Schmidt auf Jules Vernes Spuren

Kiel, 18. Juni. (Jules Verne) ist hier gestern Nachmittag an Bord der kleinen französischen Dampflustyacht „St. Michael" eingetroffen, schrieb die Kieler Zeitung in der Abendausgabe vom 18. Juni 1881, und: *Das Schiff kommt aus der*

Heimat des bekannten Schriftstellers, aus der Departementshauptstadt Nantes an der unteren Loire, und war zuletzt Wilhelmshaven und Tönning angelaufen. Es führt nur einige Vergnügungsreisende mit sich. Herr Jules Verne gibt als Zweck seiner Reise eine Vergnügungstour nach Dänemark, Schweden und Norwegen an. Die Yacht hat die Tour von Tönning nach Kiel durch den Eiderkanal gemacht, was nur mit knapper Noth gelang, da das Schiff eine Länge von ca. 35 Metern hat, während Schiffskörper, welche den Eiderkanal passiren können, höchstens einen Tiefgang von 9 Fuß engl., eine Länge von 95 Fuß engl. haben dürfen. Die Besatzung des Fahrzeugs besteht aus 21 Mann. Das scharfgebaute Schiff, mit zwei Masten und hohem Schornstein, liegt auf dem Gaardener Ufer rechts von „Wilhelminenhöhe", wird aber wahrscheinlich heute Abend wieder unseren Hafen verlassen. Von hier begibt „St. Michael" sich über Kopenhagen nach Stockholm. Jules Verne hätte den Kieler Hafen übrigens kaum jemals schöner sehen können, als an diesen letzten Sonnentagen, und in dem nächsten naturwissenschaftlichen Roman des geistvollen französischen Schriftstellers dürfen wir sicher eine glänzende Schilderung dieser Perle aller deutschen Häfen erwarten. Die lokalpatriotische Gewissheit, die aus dem letzten Satz spricht, sollte allerdings enttäuscht werden. Es war zwar richtig, dass Verne sich von der Reise mit der Great Eastern 1867 zu seinem 1870 erschienenen Roman *Eine schwimmende Stadt* hatte inspirieren lassen – für die Erkundung des Kieler Hafens ließ sich das wohl nicht erwarten. Aber die Bäume, die die Reisegesellschaft auf der *Saint Michel* bei ihrer Fahrt durch Schleswig-Holstein gesehen hatte, die haben sich dem Schriftsteller Jules Verne tatsächlich eingeprägt. Zwei Jahre nach der Passage durch Eider und Kanal erschien

Das beliebte Kieler Ausflugs- und Studentenlokal „Wilhelminenhöhe". Hier am Gaardener Ufer lag die *Saint Michel* am 17./18. Juni 1881.

Vernes Abenteuerroman *Keraban, der Starrkopf*. Der Titelheld des Romans weigert sich, eine neue Steuer zu bezahlen, die auf die Überquerung des Bosporus erhoben werden soll. Stattdessen entscheidet er sich aus Trotz, das Schwarze Meer zu umrunden. Und dort, auf einer Route zwischen Gebirge, Feldern und Wäldern, ist er von der Vegetation beeindruckt, denn: *Ueberall erhoben sich auch schon Bäume, Tannen, Fichten, Buchen, welche sich mit den prächtigsten Exemplaren von Holstein und Dänemark messen können,...*[46]

Vernes frühsommerliche Schiffstour hat die Mitte Schleswig-Holsteins aber dennoch zur literarischen Fluss-Landschaft gemacht, denn ihren literarischen Niederschlag fand die Reise durch Eider und Kanal fast ein Jahrhundert später im Werk von Arno Schmidt, eines der bedeutendsten deutschsprachigen Schriftsteller des 20. Jahrhunderts. *An Arno Schmidt scheiden sich die Geister: Der glühende Verehrer trifft auf den kalten Verächter,* so schrieb es der Künstler Klaus Fußmann, und: *Für ersteren ist die sprachliche Akrobatik eine Offenbarung, während sie der andere als kleingehacktes Gestammel verdammt.*[47] Arno Schmidts Neugier auf literarische Landeserkundung richtete sich im Juni 1963 auf Schleswig-Holstein, er besichtigte das Haus des Schriftstellers Gustav Frenssen in Barlt, der in der ersten Hälfte des 20. Jahrhunderts ein Erzähler mit Weltbekanntheit war und Kandidat für den Literaturnobelpreis. Frenssen bekannte sich späterhin offensiv zum Nationalsozialismus, war als Literat diskreditiert und Schmidt war in der Bundesrepublik der einzige Schriftsteller von Rang, der sich für eine differenzierte Beschäftigung mit einzelnen Werken Frenssens stark machte.[48] Im Dezember 1963 brachte neuerliches Interesse Schmidt dazu, einen weiteren Ausflug nach Norden ins Auge zu fassen, nun mit Blick auf die Eider und das Jahr 1881, Ort und Zeit der Verne'schen Schleswig-Holstein-Reise. Arno Schmidt schrieb an seinen Gefährten Wilhelm Michels: *Ich hätte nicht übel Lust, so=nebenbei noch 1 Kurz=Romänche zusammenrinnen zu lassen, das – errätst Du's? – in Tellingstedt spielen soll, teils heut, teils 1881, (dies letztere aus Gründen, die ich Dir gegebenenfalls auf der Fahrt dorthin – ›Tellingstedt & der Weg dorthin‹ – gern & ausgiebig erläutern werde : die Eider ist dort nah & groß; und während Ihr rumlauft wie die Gymnosophisten* (= in der antiken griechischen Literatur indische Weise, die sich nackt von der Sonne bescheinen ließen,

FT), *werde ich mit erprobter ultradicker Seelenlosigkeit die Gesichter der Einwohner, ihre Sitten & Geräte, ihre Häuser & Straßen= & sonstigen Namen auf Zetteln DIN A8 und 9 befestigen …*[49] Michels antwortete im Januar 1964: *Lieber Arno, du ängstigst mich mit Tellingstedt. Was willst du da? Klaus Groth kann es ja unmöglich sein und die olle Kirche auch kaum –jedenfalls nicht als Hauptheld. Da du gleichzeitig mit der Eider winkst, schwebt dir offenbar der Sommer vor, nicht Ostern, oder wie traditionell Pfingsten. Laß mal die Katze aus dem Sack.*[50] Tatsächlich ging Schmidts Wunsch in Erfüllung, im August 1964 waren er und seine Frau Alice erstmals an der Eider, auf Nordstrand, in Husum, Friedrichstadt und Tellingstedt. Dort in dem Ort, der das „erzählen“ schon im Namen trägt, wenn man ihn als „to tell“, englisch versteht, wandelte Arno Schmidt auf den Spuren des niederdeutschen Dichters Klaus Groth[51] und am Eiderufer gedachte er Jules Vernes, auf den er sich verschiedentlich literarisch bezog[52]. Schmidt kannte die Reisereportage von Paul Verne und spürte der Route der Fahrt der *Saint Michel* nach und versuchte, sich Ereignisse zu imaginieren, die sich auf der Verne'schen Reise zutrugen: *Vielleicht haben meine Begleiter – das heißt, korrekt gesprochen war ich ja der Bey=Fahrer; eine Art ‹denkenden Ballastes› – gemeint, ich schwelgte in Reminiszenzen à la ‹Eidora Romani terminus Imperii› – (aber nein; das wäre ungerecht; sie wußten natürlich, daß ich ein ‹furchtbringender Gesellschafter› bin & immer ‹meine Gründe› habe). Immerhin muß es erst einmal rätselhaft – also auch wiederum furchtbar spannend – gewirkt haben : wieso ich öfters, gerade an dieser 1 bestimmten, für unbeschnittene Augen gänzlich un=markanten Stelle zu halten gebeten; mich, den alten Leinpfad entlang, ans Ufer ver-*

fügt; und dann – während männiglich die Einsatzmöglichkeiten eines Bötchens mit Außenmotor überschlug, oder in den prachtvoll blau= & windigen Fluten plätscherte – mir's vorzustellen versucht habe : wie der ‹Saint Michel III› damals, am 16. und 17. Juni 1881, hier laviert haben werde (war es doch tatsächlich nötig geworden, zu überlegen, ob man nicht Bugspriet samt Gallion abmontieren müsse). Denn JULES VERNE's Dampfyacht war immerhin 33 Meter lang; und hatte, außer dem Kapitän Ollive & dessen Sohn, 1 Maschinisten, 2 Heizer, 1 Obersteuermann, 3 Matrosen, 1 Schiffsjungen & 1 Koch – alles Bretonen – an Bord; die 4 Passagiere ungerechnet.[53]

Im Juni 1969 schließlich sind die Schmidts und Wilhelm Michels nochmals an der Eider unterwegs gewesen. Arno Schmidt war in jenen Tagen intensiv dabei, Material für ein neues Werk zu sammeln, sah sich besonders gründlich in Tellingstedt im Norden Dithmarschens und unter seinen Bewohnerinnen und Bewohnern um, er nahm intensiv die Stimmung am Fluss und in der Region auf, in die seine Jules-Verne-Begeisterung ihn geführt hatte. Für Arno Schmidt war *Reise zum Mittelpunkt der Erde* ein besonders verehrungswürdiger Roman, und auch den brachte Schmidt mit der Eiderpassage in Verbindung: *Nun speziell zur ‹Reise zum Mittelpunkt der Erde›*, so Schmidt, und: *Einige der Lokalitäten hat er gekannt : das alte Hamburg, in dessen Königstraße Nr. 19 er seinen Helden, den Professor Lidenbrock, wohnen läßt, (wie oft hab' ich nicht als Kind davorgestanden – man kam ganz schnell vom Gänsemarkt dorthin; es konnte aber auch Große Bleichen, oder der Jungfernstieg sein – und mich gewundert, daß keine Tafel das Haus ziere!). Schleswig=Holstein hat er, mit seiner langen Yacht, dem ‹Saint Michel iii› besucht, die Ei-*

der von W nach O durchfahren, und in Kiel geankert; (ich bin die Eider mehrfach, aus bekannten eigenproduktiven Gründen, entlang gepilgramt); wie Axel, der Neffe des Prof., habe ich in Kopenhagen auf dem Kongens Nytorv gestanden, und am Turm der ‹vår Frälsers Kirk› hochgesehen; bin auf der Terrasse v Schloß Helsingör gewandelt, am ganzen Leibe uniformiert, (‹tis bitter cold, and I am sick at heart›).[54]

Das neue Werk von Arno Schmidt erschien im Jahr 1972, *Die Schule der Atheisten* (Untertitel: Novellen=Comödie in 6 Aufzügen), dessen Handlung im Jahre 2014 an der Eider und vor allem in Tellingstedt spielt und um eine streng geheime Friedenskonferenz zwischen der amerikanischen Außenministerin und dem chinesischen Außenminister just am dithmarscher Eiderufer kreist. Schon mit dem Titel erwies Schmidt Jules Verne seine Referenz, denn es sind vor allem Vernes Roman *Die Schule der Robinsons,* eine Art Parodie auf Romane mit Robinson-Motiv, und Paul Vernes Bericht von der Reise der *Saint Michel* von Rotterdam nach Kopenhagen, die Schmidts *Novellen=Comödie* die innere Struktur gaben. In dieser, wie DER SPIEGEL in seiner Rezension schrieb, *utopischen Dithmarscher Zauberposse*[55] gibt es zahlreiche offensichtliche und verdeckte intertextuelle Anspielungen, Verweise und Bezüge zu Frenssen, Groth und vor allem eben zu Jules Verne und seinem Werk zu entdecken: *Natürlich,* so der SPIEGEL, *ist mit dem Kapitän Ollive von der „Kandace" jener Kapitän Ollive von der Jacht „Saint Michel III" gemeint, auf der am 16. und 17. Juni 1881 Jules Verne die Eider hinaufdampfte – jener Verne, der in der Dithmarscher „Schule" besonders tiefe Spuren hinterlassen hat.*[56] Durch *Die Schule der Atheisten* liefen *alle*

Eiderflüsse, der vernesche, der schmidtsche, im schmidtschen der vernesche, vom wirklichen ganz zu schweigen, schrieb der Literatur-Gelehrte Rolf Vollmann, der seinerseits 1987 für eine Liebeserklärung an diesen Erzähl-Fluss an die Eider reiste, um Jules und Paul Verne und Arno Schmidt und der Eider in *doppelter literarischer spiegelung* nachzuspüren.[57]

In seiner Verne-Begeisterung ging Schmidt übrigens soweit, dass er in seinem Lieblingsroman *Reise zum Mittelpunkt der Erde* die motivliche Vorlage, das unmittelbare Vorbild für das Märchen *Die Regentrude* des Husumer Erzählers Theodor Storm erkannte und diese seine These mehrfach dokumentierte und bekannt machte.[58] *Die Provenienz wird dadurch gesichert:,* schrieb Schmidt, *am 24. Mai 1863 begann Verne die Niederschrift seines Buches; in den Tagen nach dem Weihnachtsfest dann Storm die seinige: wahrscheinlich hat er das unwiderstehlich die Fantasie mitreißende Stück zu Weihnachten geschenkt bekommen. Jedenfalls sind beide dann, die ‹Regentrude› ebensowie die ‹Reise zum Mittelpunkt der Erde›, mit der Jahreszahl 1864 erschienen.*[59] Hier verirrte sich Schmidt offenbar in seinem verflochtenen literarischen Beziehungslabyrinth. Denn Theodor Storm hatte sein Märchen von der *Regentrude* in ihrem unterirdischen Reich wohl über Weihnachten 1863 zu Papier gebracht, der Erstdruck erfolgte am 30. Juli 1864 in der Leipziger Illustrirten Zeitung, Jules Vernes Roman erschien aber erst im November desselben Jahres. Damit kann Storm in dem besagten Roman von Verne kein Vorbild gehabt haben[60] – wie sich übrigens in Theodor Storms Nachlass bislang überhaupt kein Bezug und auch kein Buch von Jules Verne gefunden haben.[61]

VII.
Rückreise

Die Rückreise von Kopenhagen nach St. Malo in der Bretagne trat die Verne'sche Reisegesellschaft mit der *Saint Michel* am Sonntag, den 26. Juni 1881 an und dieser Teil der Fahrt führte abermals durch Schleswig-Holstein. Am Montag kam das Schiff wieder in Kiel an der Kanalmündung an und bis in die Nacht wurde noch die vierte Schleuse erreicht. Am Dienstag setzte der Dampfer seine Fahrt fort, und in seinem Bordbuch notierte Jules Verne kurze, knappe Beobachtungen und Stimmungen, die denselben Grundton anstimmten, wie die Reportage von Paul Verne über die Hin-Reise, die nach der Fahrt erscheinen sollte, ihn anschlägt. Was war Jules Verne notierenswert? Das Schilfrohr, weiße Schwäne, Kraniche, Störche. Rendsburg ist ihm durch Wachposten abermals als Soldatenstadt kenntlich. Und dann ging es wieder auf den mäandrierenden Fluss die Eider abwärts der Nordsee entgegen: *Grüne, gelbe, rote Galioten sind unterwegs. Sie entschwinden in die Landschaft hinein. Gelbe Segel sind über dem Land zu sehen. In den Mäandern gibt es Strömung. Recht nahe am Ufer der Eider.* Und später: *An den Ufern gibt es 2 Treidelpfade. Der eine an Land ist für die Pferde. Er verläuft auf der rechten Seite den Fluss hinab in Richtung Tönning. Der andere führt durch die großen Gräser am linken Ufer. Das Schilf dort ist so hoch, dass ein Mann darin verschwindet.* Schließlich machte die Dampfyacht in Tönning fest, lud neun Tonnen Kohle zu und Jules Verne und der Lotse Atkins machten einen Spaziergang durch das Hafenstädtchen an der Eidermündung. Und für Mittwoch, den 29. Juni trug der Schriftsteller auf dem Heimweg in sein Bordbuch ein: *Wir laufen um 2 ½ des Morgens aus. Die Eider hat bis zur Mündung Mäander. Während des ganzen Tages weht uns der Westwind entgegen. Wir haben klare Sicht auf Helgoland mit seinen roten Felsen. Die Insel sieht aus wie das Haupt der Sphinx.*

Das Resümee seiner Eindrücke von der Durchquerung Schleswig-Holsteins hatte Jules Verne aber schon zwei Tage vorher auf dem Kanal notiert: *Es ist ein herrliches Land.*[62]

Anmerkungen

1 Dags-Avisen, 21. Juni 1881. Nr. 919. Nach Recherchen von Friedemann Prose war der Journalist, der seinen Beitrag mit ‚Flaneur' zeichnete N. J. Berendsen. Siehe dazu: Friedemann Prose (Hg.), Jules Verne's Reise zum Mittelpunkt des Nordens 1881. In: Mitteilungen des Canal-Vereins. Nr. 29/30, Rendsburg 2013. S. 66–69.

2 Volker Dehs, Jules Verne. Eine kritische Biographie. Düsseldorf und Zürich 2005. S.266.

3 Jules Vernes Bordbuch zitiert nach der erstmaligen Veröffentlichung als Faksimile bei: Friedemann Prose (Hg.), Jules Verne's Reise zum Mittelpunkt des Nordens 1881. In: Mitteilungen des Canal-Vereins. Nr. 29/30, Rendsburg 2013. S. 9–114, hier S. 42. Es ist Friedemann Proses Verdienst, Vernes Bordbuch mit tagebuchähnlichen, knappen Notizen durch Spürsinn und Beharrlichkeit zugänglich gemacht zu haben. Ihm sind die Dokumentation der Originalhandschriften in Abbildungen und die Übersetzung aus dem Französischen zu verdanken.

4 Reimer Hansen, Der Nord-Ostsee-Kanals-Plan Herzog Adolfs von Schleswig-Holstein-Gottorf aus dem Jahre 1571. In: Mitteilungen des Canal-Vereins., H. 2 Rendsburg 1981. S 27 f.

5 Friderik Ernst Cramer, Üeber die Vereinigung der Ost und West See, durch grabung eines schiffbaren Canales in dem Herzogthume Schleswig. Odense 1781. S. 37–38.

6 Georg Bruyn, Aufforderung an meine Mitbürger zur Theilnehmung an dem Canal-Handel. Altona 1784. S. 25.

7 Zur Vor- und Baugeschichte des Kanals siehe: Gerd Stolz, Der alte Eiderkanal – Schleswig-Holsteinischer Kanal – herausgegeben anläßlich des 200. Jahrestages seiner Inbetriebnahme am 17. Oktober 1784. Kleine Schleswig-Holstein-Bücher Bd. 34. Heide 1983 und Manfred Jessen-Klingenberg, Der Schleswig-Holsteinische Kanal (Eiderkanal) im 18. und 19. Jahrhundert. In: Nord-Ostsee-Kanal 1895–1995. Festschrift hg. im Auftrag des Bundesministers für Verkehr. Neumünster 1995. S. 33–50.

8 Nachgewiesen bei: Manfred Jessen-Klingenberg, Erste Vorläufer und Projekte für eine künstliche Wasserverbindung zwischen Nord- und Ostsee vom frühen Mittelalter bis zum 18. Jahrhundert. In: Nord-Ostsee-Kanal 1895–1995. Festschrift hg. im Auftrag des Bundesministers für Verkehr. Neumünster 1995. S. 45.

9 Zit. nach Gerd Stolz, Der alte Eiderkanal – Schleswig-Holsteinischer Kanal – herausgegeben anläßlich des 200. Jahrestages seiner Inbetriebnahme am 17. Oktober 1784. Kleine Schleswig-Holstein-Bücher Bd. 34. Heide 1983. S. 9.

10 Johann Gottfried Seume, Mein Sommer 1805. Nördlingen 1987. S. 193. Zu Seumes Reise siehe: Wolfgang Griep; Das Rad, das alles treibet. Über

Johann Gottfried Seumes nordische Reise im Sommer 1805. In: Ausflucht in den Norden. Über Johann Gottfried Seumes Reise im Sommer 1805. Eutiner Bibliotheksheft 8. Eutiner Landesbibliothek 2004. S. 9–47. Frank Trende, Johann Gottfried Seume – ‚Wilde Schönheiten' in der Holsteinischen Schweiz. In: Frank Trende, Literarische Reisen zwischen Nord- und Ostsee. Auf den Spuren berühmter Dichter unterwegs in Schleswig-Holstein. Heide 2009. S. 11–20.

11 Friedrich Johann Lorenz Meyer, Darstellungen aus Nord-Deutschland. II. Sommereise in Holstein 1815. Hamburg 1816. Neudruck Kiel 1977. S. 204/205.

12 Adelbert Graf Baudissin, Schleswig-Holstein Meerumschlungen. Kriegs- und Friedensbilder aus dem Jahre 1864. Neudruck Kiel 1978. S. 287.

13 Siehe dazu: Paul Verne, De Rotterdam à Copenhague. À bord du yacht à vapeur Saint-Michel. In: Bulletin de la Société Jules Verne. Paris, Nr. 134, 2ème trimestre 2000. S. 12–46. Mit einer Einleitung von Volker Dehs, Deux frères en voyage, deux récits en complément. S. 9–11.

14 Siehe in diesem Band S. S. 99.

15 Zur Editionsgeschichte des Textes von Paul Verne siehe: Gerhard Preuß, Die Eiderkanalpassage der Brüder Jules und Paul Verne im Jahre 1881. In: Mitteilungen des Canal-Vereins. Nr. 20, Rendsburg 1999. S. 37–56. Die Mitarbeit von Jules Verne ist nachgewiesen in: Paul Verne, De Rotterdam à Copenhague. À bord du yacht à vapeur Saint-Michel. In: Bulletin de la Société Jules Verne. Paris, Nr. 134, 2ème trimestre 2000. S. 12–46. Mit einer Einleitung von Volker Dehs, Deux frères en voyage, deux récits en complément. S. 9–11.

16 Klaus Pfatschbacher, Jules Verne und der Populärroman. Europäische Hochschulschriften Reihe XIII, Französische Sprache und Literatur, Bd. 252. Frankfurt/M., Berlin, Bern, Brüssel, New York, Oxford, Wien 2000. S. 153–159.

17 Rezension zur Neuausgabe in der Anderen Bibliothek Band 406: Jules Verne, Die Jangada. 800 Meilen auf dem Amazonas. Behutsam modernisierte Bearbeitung durch Christian Döring. Berlin 2019. Andrea Diener, Eine herrliche Räuberpistole. Verrat, Intrigen, schöne Töchter und elende Schurken: Jules Vernes Amazonas-Roman „Die Jangada" erscheint nach 137 Jahren endlich wieder auf Deutsch. In: Frankfurter Allgemeine Zeitung. 23. Juli 2019.

18 Georg Bruyn, Aufforderung an meine Mitbürger zur Theilnehmung an dem Canal-Handel. Altona 1784. S. 65.

19 Georg Bruyn, Aufforderung an meine Mitbürger zur Theilnehmung an dem Canal-Handel. Altona 1784. S. 65.

20 Margarete Rauter, Die wirtschaftliche Bedeutung des alten Eiderkanals. Maschinenschriftl. Ms. Januar 1950. S. 22.

21 Zur Entwicklung des Hafens und der Schifffahrt in Tönning: Tönning im Wandel der Zeiten. Husum 1990. S. 48–69.

22 Das Schreiben ist faksimiliert dokumentiert in: Friedemann Prose (Hg.), Jules Verne's Reise zum Mittelpunkt des Nordens 1881. In: Mitteilungen des Canal-Vereins. Nr. 29/30, Rendsburg 2013. S. 45.

23 Friedemann Prose (Hg.), Jules Verne's Reise zum Mittelpunkt des Nordens 1881. In: Mitteilungen des Canal-Vereins. Nr. 29/30, Rendsburg 2013. S. 67

24 Georg Bruyn, Aufforderung an meine Mitbürger zur Theilnehmung an dem Canal-Handel. Altona 1784. S. 64/65.

25 Georg Bruyn, Aufforderung an meine Mitbürger zur Theilnehmung an dem Canal-Handel. Altona 1784. S. 63.

26 Johannes von Schröder, Topographie des Herzogthums Holstein. Oldenburg 1841. S. 274.

27 Edward Hoop. Geschichte der Stadt Rendsburg. Rendsburg 1989. S. 303.

28 Edward Hoop. Geschichte der Stadt Rendsburg. Rendsburg 1989. S. 305.

29 Friedemann Prose (Hg.), Jules Verne's Reise zum Mittelpunkt des Nordens 1881. In: Mitteilungen des Canal-Vereins. Nr. 29/30, Rendsburg 2013. S. 50.

30 Heute Oslo

31 Der vollständige Brief ist erstmals veröffentlicht in: Gerhard Preuß, Nachtrag zu: Die Eiderkanalpassage der Brüder Jules und Paul Verne im Jahre 1881. In: Mitteilungen des Canal-Vereins. Nr. 21, Rendsburg 2000. S. 83–86.

32 Georg Bruyn, Aufforderung an meine Mitbürger zur Theilnehmung an dem Canal-Handel. Altona 1784. S. 61.

33 Georg Bruyn, Aufforderung an meine Mitbürger zur Theilnehmung an dem Canal-Handel. Altona 1784. S. 62.

34 Gerd Stolz, Der alte Eiderkanal – Schleswig-Holsteinischer Kanal – herausgegeben anläßlich des 200. Jahrestages seiner Inbetriebnahme am 17. Oktober 1784. Kleine Schleswig-Holstein-Bücher Bd. 34. Heide 1983. S. 61.

35 Friderik Ernst Cramer, Ueber die Vereinigung der Ost und West See, durch Grabung eines schiffbaren Canales in dem Herzogthume Schleswig. Odense 1781. S. 44/45.

36 Erskine Childers, Das Rätsel der Sandbank – Ein Bericht des Geheimdienstes. Zürich 1975. S. 106, 108 und 110. Siehe dazu auch: Frank Trende, Erskine Childers – ‚Hervorragendes Segelrevier mit einer famosen Landschaft, und Enten sollte es auch bald eine Menge geben': Auf der Flensburger Förde. In: Frank Trende, Literarische Reisen zwischen Nord- und Ostsee. Auf den Spuren berühmter Dichter unterwegs in Schleswig-Holstein. Heide 2009. S. 91–100.

37 Siehe in diesem Band S. 104.

38 Friedemann Prose (Hg.), Jules Verne's Reise zum Mittelpunkt des Nordens 1881. In: Mitteilungen des Canal-Vereins. Nr. 29/30, Rendsburg 2013. S. 61.

39 Der Komet von 1861 gilt als „Tebbutt's Great Comet", der von Kiel aus sichtbare Komet von 1881 als „Tebbutt's Second Great Comet", siehe: Wayne Orchistan, John Tebbutt, Rebuilding and Strengthening the Foundations of Australian Astronomy. Heidelberg, Berlin 2017. S. 276, 322.

40 Es ist das Verdienst von Friedemann Prose, diese Reise Vernes nach Norden rekonstruiert und das Verne'sche Reisetagebuch erschlossen und zugänglich gemacht zu haben. Siehe dazu: Friedemann Prose, Jules Verne Sommer 1861. In: https://www.kiel-maritim.de/index.php/jules-verne/2-uncategorised/11-jules-verne-sommer1861-kiel-maritim-jules-verne-in-kiel-1861 und Friedemann Prose, Jules Verne Sommer 1861: von Lübeck nach Schweden. In: https://www.kiel-maritim.de/index.php/luebeck-schweden. Dort ist auch Vernes Skizze des Holstentors abgebildet.

41 Friedemann Prose https://www.kiel-maritim.de/index.php/luebeck-schweden

42 Jules Verne, Reise zum Mittelpunkt der Erde. Aus dem Französischen neu übersetzt und herausgegeben von Volker Dehs. Düsseldorf und Zürich 2005. S. 56.

43 Jules Verne, Reise zum Mittelpunkt der Erde. Aus dem Französischen neu übersetzt und herausgegeben von Volker Dehs. Düsseldorf und Zürich 2005. S. 57.

44 Jules Verne, Reise zum Mittelpunkt der Erde. Aus dem Französischen neu übersetzt und herausgegeben von Volker Dehs. Düsseldorf und Zürich 2005. S. 58.

45 Siehe dazu: Volker Dehs, Jules Verne und das Hamburger Johanneum. In: Jules Verne, Reise zum Mittelpunkt der Erde. Aus dem Französischen neu übersetzt und herausgegeben von Volker Dehs. Düsseldorf und Zürich 2005. S. 419–423. Siehe auch: Josef Nyary, Vom Johanneum fasziniert. Domplatz: Am 6. Juni 1861 besucht Jules Verne Hamburg. Wie ein Professor der Gelehrtenschule zur Hauptfigur im Roman „Die Reise zum Mittelpunkt der Erde" wurde. In: Hamburger Abendblatt, 10. August 2005.

46 Jules Verne, Keraban, der Starrkopf. In: Jules Verne. Bekannte und unbekannte Welten. Das erzählerische Werk. Herausgegeben von Wolfgang Thadewald. CD-ROM. Berlin 2004. S. 14770.

47 Klaus Fußmann, Du bekommst bestimmt eine Antwort – Arno Schmidt. In: Klaus Fußmann, Der Wahn der Malerei. München 2005. S. 326.

48 Zu Frenssen siehe: Heinrich Detering, Kai Sina (Hg.), Kein Nobelpreis für Gustav Frenssen. Heide 2018. In der ZEIT vom 8. November 1963, Nr. 45, etwa wünschte Arno Schmidt sich in „Unsterblichkeit für Amateure" eine kritische Ausgabe von Frenssens Roman „Otto Babendick".

49 Arno Schmidt: Der Briefwechsel mit Wilhelm Michels. In: Arno Schmidt: Bargfelder Ausgabe, Briefe, Bd. 2. Zürich 1987. S. 273.

50 Arno Schmidt: Der Briefwechsel mit Wilhelm Michels. In: Arno Schmidt: Bargfelder Ausgabe, Briefe, Bd. 2. Zürich 1987: S. 273.

51 Zu Klaus Groth siehe aktuell: Robert Langhanke, Klaus-Groth-Lesebuch. Heide 2019.

52 Siehe etwa Arno Schmidt: Dichter & ihre Gesellen: Jules Verne. In: Arno Schmidt: Bargfelder Ausgabe, Werk-gruppe III. Essays und Biografisches, Bd. 4. Zürich 1995 und Arno Schmidt: Das Leptothe=Herz. In: Arno Schmidt: Bargfelder Ausgabe, Werkgruppe III. Essays und Biografisches, Bd. 4. Zürich 1995

53 Arno Schmidt: Dichter & ihre Gesellen: Jules Verne. In: Arno Schmidt: Bargfelder Ausgabe, Werkgruppe III. Essays und Biografisches, Bd. 4. Zürich 1995. S. 424.

54 Arno Schmidt: Das Leptothe=Herz. In: Arno Schmidt: Bargfelder Ausgabe, Werkgruppe III. Essays und Biografisches, Bd. 4. Zürich 1995.S. 454.

55 Rez. Lauter Gefoppte. Mit olympionikischer Eile produziert Arno Schmidt Buch auf Buch: Zwei Jahre nach seinem Super-Epos „Zettels Traum" erschien soben „Die Schule der Atheisten" – eine Novellen-Comödie in 6 Aufzügen". DER SPIEGEL 22/1972, 22. Mai 1972. S. 130 –132, hier S. 130

56 Der Anspielungs- und Beziehungsreichtum in der „Schule der Atheisten" wird entschlüsselt in: Leibl Rosenberg, Das Hausgespenst. Ein begleitendes Handbuch zu Arno Schmidts „Die Schule Der Atheisten". 2 Bde., Edition Text u. Kritik, München 1977–79. Zur Bedeutung des Werks von Jules Verne für die „Schule der Atheisten" siehe Dieter Kuhn, „Die Schule der Atheisten" und Jules Vernes „Schule der Robinsons". In: Bargfelder Bote – Materialien zum Werk Arno Schmidts Schule der Atheisten I. Lfg. 7–8/Mai 1974, und vor allem Rudi Schweikert, Die Jules-Verne-Welten in Arno Schmidts „Die Schule der Atheisten". Edition Text u. Kritik, München 2009. Zu Arno Schmidts Tellingstedt-Besuchen siehe: Ulrich Klappstein, Heiko Thomsen, ‚Tellingstedt & der Weg dorthin'. Texte und Materialien zu Arno Schmidts Die Schule der Atheisten. Dresden 2016. Im Verlauf der Handlung in der „Schule der Atheisten" unternehmen die Protagonisten einen Ausflug aus Dithmarschen nach Sønderho auf der dänischen Insel Fanø, siehe dazu: Friedhelm Rathjen, Arno Schmidt auf Fanø. Der Schulausflug der Atheisten. Scheeßel 2005.

57 Rolf Vollmann, Im Lande Kolderups unter den Laubengängen der Eider: Eine Reise auf den Spuren von Arno Schmidt und Jules Verne. Tübingen 1988. S. 10 bzw. 8.

58 Arno Schmidt: Die Gelehrtenrepublik. In: Arno Schmidt: Bargfelder Ausgabe, Werkgruppe I, Bd. 2. Zürich 1986. S. 286. Arno Schmidt: Die

Meisterdiebe. In: Arno Schmidt: Bargfelder Ausgabe, Werkgruppe II. Dialoge, Bd. 1. Zürich 1990. S. 340. Arno Schmidt: Begegnung mit Fouqué. In: Arno Schmidt: Bargfelder Ausgabe, Werkgruppe III. Essays und Biografisches, Bd. 3. Zürich 1995. S. 421. Arno Schmidt: Dichter & ihre Gesellen: Jules Verne. In: Arno Schmidt: Bargfelder Ausgabe, Werkgruppe III. Essays und Biografisches, Bd. 4. Zürich 1995. S. 422. Arno Schmidt: Der Briefwechsel mit Alfred Andersch. In: Arno Schmidt: Bargfelder Ausgabe, Briefe, Bd. 1. Zürich 1985. S. 132.

59 Arno Schmidt: Die Meisterdiebe. In: Arno Schmidt: Bargfelder Ausgabe, Werkgruppe II. Dialoge, Bd. 1. Zürich 1990. S. 340.

60 Diesen Hinweis verdanke ich Volker Dehs, Göttingen, Oktober 2019.

61 Diesen Hinweis verdanke ich Christian Demandt, Theodor-Storm-Zentrum und Theodor-Storm-Gesellschaft, Husum, Oktober 2019.

62 Jules Vernes Bordbuch zitiert nach der erstmaligen Veröffentlichung bei: Friedemann Prose (Hg.), Jules Verne's Reise zum Mittelpunkt des Nordens 1881. In: Mitteilungen des Canal-Vereins. Nr. 29/30, Rendsburg 2013. S. 9–114, hier S. 90–93.

Die *Saint Michel* unter Dampf: Originalillustration 1881.

PAUL VERNE

Von Rotterdam nach Kopenhagen

an Bord der Dampfjacht »Saint Michel«

Erstes Kapitel

Nach schneller, glücklicher Überfahrt von der Küste Englands nach der Maas, von Deal (Grafschaft Kent) in Rotterdam am 5. Juni angelangt, wurden wir daselbst noch am 10. durch ungünstige Witterung zurückgehalten. Ein stürmischer Nordwest rollte gewaltige Wogenmassen gegen den flachen Strand Hollands und verwehrte uns die Ausfahrt. Mindestens wäre es unklug gewesen, mit unserer Dampfjacht »Saint Michel«, trotz ihrer bewährten Seetüchtigkeit und höchst vollkommenen Maschine, der empörten Nordsee gerade an diesen gefährlichen Gestaden Trotz bieten zu wollen.

Das war auch die Ansicht Harry Thomas Pearkops, *Pilot for the Channel and the North sea*, wie seine Karte meldete, der sich – etwas gegen unseren Willen – mit an Bord befand. Wir hatten ihn in Deal engagiert, um den »Saint Michel« eigentlich nur durch die Dünen vor der Küste zu lotsen, da sich am Nachmittag des 4. Juni ein dichter Nebelschleier über den Kanal herabzusenken begann; mit der eigentümlichen Zähigkeit der englischen Rasse, welche sich den Erwerb einiger Pfund Sterling nicht so leicht entgehen läßt, gelang es ihm aber doch zuletzt, uns von seiner »Unentbehrlichkeit« bei der geplanten Fahrt unserer Jacht zu überzeugen.

Dieser »Gentleman«, der trotz wiederholter Weigerung sich an Bord des »Saint Michel« sozusagen einnistete, hatte übrigens eine gewisse Geschichte. Thomas Pearkop ist ein Mann von mittlerer Größe mit breitem Gesicht, breiten Schultern und stark im Leibe, mit einem Wort, bei ihm geht alles in die Breite, so auch seine breiten Füße, welche in breiten Schuhen ohne Absätze stecken. Er hat ein gutmütiges Aussehen, blaue Augen, eine gerade Nase – so eine Nase, von welcher man glaubt, sie müsse sehen können – gebräunten, ins Rötliche spielenden Teint, Bart allein unter dem Kinn – kurz, er bietet ganz das Bild eines wetterfesten Seemannes.

Thomas Pearkop besaß eine starke Stimme, welche auch das Sausen des Windes übertönte, er verstand aber nicht zwei französische Worte. Zum Glück war mir das Englische so weit geläufig, daß ich mich mit ihm verständigen konnte.

»Wir brauchen aber Ihre guten Dienste nicht, Pearkop«, sagte ich zu ihm. »Unser Kapitän kann uns schon allein führen; nachdem er in dreißig Jahren fünfundzwanzigmal über die Nordsee gekommen ist, kennt er dieselbe gründlich und wird von Leuchtturm zu Leuchtturm ebenso sicher fahren, wie der beste Lotse von der Reede bei den Dünen!«

»Aoh, yes!« erwiderte der, »Gentleman«, »aber die Strömungen, die Sandbänke, die Nebel, vorzüglich die Nebel, welche zur Sommerzeit so häufig vorkommen und es unmöglich machen, ein Leuchtfeuer oder die Küste zu erkennen! Was wird dann aus Ihnen werden? Ach«, fügte er hinzu und hob melancholisch die großen hellen Augen zum Himmel, »wie viele Kapitäne, und darunter auch ganz vortreffliche Seeleute, haben es büßen müssen, daß sie meine Dienste abwiesen!«

Nun folgte eine Aufzählung von Schiffen aller Nationen, welche gestrandet oder mit Mann und Maus untergegangen waren, nur weil sie die Warnungen dieses, mit allen Gewässern der Nordsee vertrauten Mannes in den Wind geschlagen hatten. Darauf brachte er eine geradezu zahllose Menge Zeugnisse in russischer, dänischer, deutscher und italienischer Sprache hervor, von denen wir keine Silbe verstanden; nur ein einziges französisches Attest befand sich darunter, ausgestellt von M. E. Pérignon, dem Eigentümer der Dampfjacht »Fauvette« und Vizepräsident des französischen Jachtklubs. Unter dieser Lawine von guten und minder guten Gründen ermattete endlich unser Widerstand und wurde unser Angreifer nur noch hitziger, so daß uns nur der Ausweg blieb, nach ehrenvoller Verteidigung zu kapitulieren.

Wir nahmen also das Angebot Thomas Pearkops an, den »Saint Michel« von Deal nach Rotterdam zu führen. Freilich mußte sich das Lotsenhonorar eine für den »Gentleman« sehr schmerzhafte Amputation gefallen lassen: dasselbe wurde von fünfzehn Pfund seiner ursprünglichen Forderung auf acht Pfund, also um ziemlich fünfzig Prozent herabgesetzt.

Nun sahen wir erst auf ein Zeichen Thomas Pearkops in dem Boote, das ihn zu uns gebracht hatte, den Sack aus geteertem Segeltuche auftauchen, den jeder Lotse, der auf sich hält, unabänderlich bei sich zu führen pflegt. Aber, himmlischer Vater, welch ein Sack war das! Einundeinhalb Meter lang und einen halben Meter dick, vollgestopft zum Platzen, geschnürt wie eine Preßwurst, und so schwer; daß ihn kaum zwei kräftige Männer an Bord schaffen konnten. Ich fürchtete, der »Saint Michel« werde unter dieser ungewöhnlichen Last kentern wie ein Fischerboot.

Zweites Kapitel

Bevor wir unseren Bericht fortsetzen, dürfte es sich für die freundlichen Leser, die uns auf dieser Fahrt auf der Nord- und Ostsee folgen wollen, wenn die nachfolgenden Anmerkungen für sie von einigem Interesse sein sollen, empfehlen, sie kurz mit dem Schiffe, auf dem wir uns befanden, bekanntzumachen.

Der »Saint Michel«, dessen geringe Größe ihn auf den ersten Blick als ungeeignet für weitere Seereisen erscheinen lassen möchte, ist eine reizende Dampfjacht, dreiunddreißig Meter lang und achtunddreißig Registertonnen, das heißt siebenundsechzig Tonnen nach der Messung des französischen Jachtklubs, groß. Er führt dessen dreifarbigen Wimpel mit dem weißen Stern am Maste.

Erbaut in Nantes, 1876, von der Firma Jollet und Babin, verbindet diese Jacht mit einer zweifellosen Solidität ganz ausgezeichnete nautische Eigenschaften, die es im schlimmsten Fall ermöglichen würden, auch sehr schlechtem Wetter zu trotzen. Nach Thomas Pearkops Aussage würde dieselbe bei einem Sturm, den man auszustehen hätte, sogar noch mehr Sicherheit bieten als ein Fahrzeug von höherem Tonnengehalt. Eine derartige Äußerung des »Gentleman« dürfte jedoch nur mit großer Reserve aufzunehmen sein, denn eine »so kleine« Jacht, die ihm »so viel« in »so kurzer« Zeit einbrachte, mußte wohl nahezu vollkommen sein. Wir beschränken uns also darauf, von seiner guten Meinung Notiz zu nehmen; der Himmel gebe aber, daß wir niemals in die Verlegenheit kommen möchten, dieselbe wirklich zu erproben.

Der »Saint Michel« ist ein eisernes Schiff, als Goëlette getakelt, durch fünf wasserdichte Scheidewände getrennt und von eleganter Gestalt. Seine Maschine von fünfundzwanzig indizierten Pferdekräften, à dreihundert Meterkilogramm – gleich etwas über hundert effektive Pferdekräfte – verleiht ihm eine Geschwindigkeit von neun bis neuneinhalb Knoten in der Stunde. Diese Geschwindigkeit kann mit Hilfe des Segelwerks bis auf zehneinhalb Knoten vergrößert werden; das Schiff ist nämlich so reichlich mit Segeln versehen, daß es, im Fall die Maschine oder Schraube je ein Unfall träfe, im Notfall einen gar nicht schlechten Segler abgeben könnte, denn auch ohne Mithilfe des Dampfes erreicht der »Saint Michel« bei günstigem Winde eine Schnelligkeit von sieben bis acht Knoten.

Die Maschine ist jedoch von ausgezeichneter Konstruktion, nach dem Compound-System mit zwei ungleich großen Zylindern erbaut, hat Oberflächenkondensation und ist von dem Marine-Ingenieur Normand in Havre entworfen. Sie macht der Werkstatt der Herren Jollet und Babin, wo sie gebaut wurde, alle Ehre.

Die innere Einrichtung der Jacht ist folgende:

Im Hinterteile befindet sich ein Salon, nach dem man mittelst einer geraden Treppe gelangt, welche zwischen einem Dienerzimmer und einem anderen unentbehrlichen Kabinett hinuntergeführt ist. Von diesem in Jaccaranda* gehaltenen Salon, dessen Diwans alle in Lagerstätten verwan-

* „Jacaranda, Pflanzengattung aus der Familie der Bignoniaceen, schöne Bäume Südamerikas und Westindiens (…) Von J. bradiliana leitet man das Palisanderholz ab. Dies ist hart, schwer, sehr schwer spaltbar, schokoladenbraun mit einem Stich ins Violette, auf der Vertikalfläche tiefschwarz geadert und grbändert; es nimmt schone Politur an und zählt zu den edelsten Kunsthölzern (…)". Meyers Konversations-Lexikon, 3. Auflage, Neunter Band, Holbach-Kirschäther. Leipzig 1876. S. 454.

delt werden können, kommt man nach einem Schlafzimmer mit zwei Betten, Toilette, Schränken und einem Tische aus lichtem Eichenholz. Hierauf folgt nach vorn zu die Maschine und der Kesselraum, welche den breitesten Teil des Mittelschiffs einnehmen. Das Vorderteil enthält den Speisesaal, zugänglich durch eine etwas gewundene Treppe, welche zwischen der Kapitänskajüte und der Vorratskammer hinabführt und mit der Küche in bequemer Verbindung steht. Ganz nach vorn, neben der Küche, liegt das Volkslogis mit sechs Lagerstätten für Matrosen. Alles in allem bietet unsere Dampfjacht einen herrlichen Anblick mit ihren hohen, geneigten Masten, dem schwarzen Rumpfe, über den sich an der Wasserlinie und unter dem Barkholz weiße Streifen hinziehen, mit ihren Lichtpforten in kupfernen Rahmen, mit ihren Treppenkappen aus Teakeiche und den eleganten Linien, welche sie vom Heck bis zum Vordersteven zieren.

Drittes Kapitel

Das ist der »Saint Michel«. Seinen Eigentümer, Julius Verne, kennt wohl so ziemlich jedermann. Mir, seinem Bruder, kommt es nicht zu, hier sein Lob anzustimmen, doch muß ich bemerken, daß dieser scheinbar unermüdliche Arbeiter doch auch gelegentlich einmal erschlafft. Da wird ihm die Ruhe zur Notwendigkeit, und er findet sie nirgends so erquickend, als in seiner Jacht auf dem ruhelosen Meer.

Viele glauben, er arbeite an Bord des Schiffes. Weit gefehlt! Er ruht hier nur aus und erholt sich während einiger

Jules Verne, dahinter sein Bruder Paul und dessen Sohn Maurice (nicht Gaston, der 1881 mit an Bord war), Karikatur von Raphael Bordallo Pinheiro aus der Lissaboner Zeitung O Antonío Maria 1884.

Monate. Im übrigen bleibt er wach ein verläßlicher Gefährte, dem die Seekrankheit unbekannt ist, aber auch ein Virtuos im Schlafen, das Wetter kann sein, wie es will, stets aber ein heiterer und liebenswürdiger Gesellschafter. Doch ich will einhalten, ich verirre mich auf ein Gebiet, welches mir zu betreten versagt ist. Man könnte mich der Parteilichkeit zeihen.

Abgesehen von zahlreichen Ausflügen im Kanal und längs der Küsten der Bretagne, hat der »Saint Michel« schon zwei größere Reisen gemacht. Von Nantes aus trug er im Jahre 1878 Raoul Duval, Julius Hetzel jun., meinen Bruder und mich bis nach dem westlichen Mittelmeere. Er

Porträt des Anwalts Robert Godefroy, Jules Vernes Gast auf der frühsommerlichen Reise auf der *Saint Michel.*

besuchte Vigo, Lissabon, Cadix, Tanger, Gibraltar, Malaga, Tekuan, Oran und Algier und hielt sich ausgezeichnet auch während der wenigen Tage stürmischen Wetters, die uns nicht erspart blieben.

Es ist allzu schwer, den Reiz in Worten wiederzugeben, den man empfindet, auf solche Weise die Küsten Spaniens, Marokkos und Algeriens zu besuchen. Das selbe gilt auch von der zweiten Reise, welche die Gestade Englands und Schottlands und Edinburgh zum Ziel hatte. Vielleicht veröffentlicht mein Bruder noch einmal die »Denkwürdigkeiten des ›Saint Michel‹«, was meiner Meinung nach ungemein zur Entwicklung des Jachtsports in Frankreich beitragen würde.

Dieses Jahr lag es anfangs in unserer Absicht, über Christiania, Kopenhagen und Stockholm nach Petersburg zu gehen. Verschiedene Erwägungen führten jedoch eine Abänderung dieses Reiseplanes herbei. Wir hatten sogar schon darauf verzichtet, der Ostsee überhaupt einen Besuch abzustattten, und wenn wir dennoch dahin gelangten, so war das die Folge ganz unerwarteter Umstände, wie man aus diesem Berichte erkennen wird.

Befehligt wird der »Saint Michel« von Kapitän Ollive, gebürtig von der kleinen Insel Trentemoult, einem reizenden, mitten in der Loire unterhalb Nantes gelegenen Fleckchen Erde, welche, wie das zugehörige Städtchen Batz, noch die Sitten der Vorfahren bewahrt hat. Erfahren in der Küstenfahrt, die er fünfundzwanzig Jahre lang betrieben, ist unser Kapitän ein kluger Mann und guter Seefahrer, dem man sich ruhig anvertrauen kann.

Wenn ich nun noch hinzufüge, daß die sämtliche aus der Bretagne stammende Besatzung aus einem Maschinisten, zwei Heizern, einem Obersteuermann, dem Sohne des

Kapitäns, drei Matrosen, einem Schiffsjungen und einem Koch besteht, und endlich als die an Bord befindlichen vier Passagiere, Julius Verne, den Advokaten Robert Godefroy aus Amiens, meinen ältesten Sohn und mich selbst nenne, so ist der geneigte Leser vollständig mit dem »Saint Michel« und seinem Personal bekannt.

Viertes Kapitel

Wir lagen also fest in Rotterdam und warteten auf einen Umschlag der Witterung, um uns direkt nach Hamburg zu begeben; Preis elf Pfund statt siebzehn, welche Thomas Pearkop verlangt hatte, um uns bis zur Mündung der Elbe zu lotsen. Der »Saint Michel« lag verankert in der Maas, dicht vor dem schönen Park, der sich an dieser Stelle der grünen Umgebung der hübschen Stadt anschließt. Die unfreiwillige Muße, welche uns der steife Nordwest auferlegte, benutzten wir zum Besuch von Den Haag und Amsterdam und der höchst wertvollen Museen, von deren Pracht wir noch geblendet waren. Man muß eben Holland selbst gesehen haben, um Rembrandt ganz schätzenzulernen. Wer nicht »Die nächtliche Stunde«[*] und den »Unterricht in der Anatomie«[**] gesehen hat, wird nimmermehr das Genie des großen Malers richtig würdigen. Dasselbe gilt von dem berühmten Gemälde Paul Potters, das einen Stier vor einer auf der Erde liegenden Kuh darstellt[***].

---

* „Die Nachtwache“, Rembrandt, 1642.
** „Die Anatomie des Dr. Tulp, Rembrandt, 1632.
*** „Der junge Bulle“, Paulus Potter, 1647.

Der Eindruck dieser Meisterwerke der Kunst ist desto überraschender, weil man ihn inmitten einer großen Zahl Gemälde von Rubens, Van der Helft, Van Dyk, Murillo, Hobbema, Ruysdael, Teniers, Breughel de Velours und anderer empfängt, deren Sammlung diese Museen geradezu über alle anderen erhebt. Leider lassen die Lokalitäten viel zu wünschen übrig und erscheinen der Schätze, die sie bergen, keineswegs würdig. Wie ist es möglich, daß so reiche und kunstsinnige Städte wie Amsterdam und Haag nicht Museen erbauen, welche ihrer Liebe zur Kunst einigermaßen entsprechen?

Was wir sonst von Holland durch ein Waggonfenster sahen, war nur ein flüchtiges Bild seiner grünen Weiden, seiner nach dem Lineal ausgehobenen Kanäle mit dem Hintergrunde zahlloser Windmühlen, welche den Horizont beleben; aber alles bekräftigt doch des Dichters Cavalier Butler geflügeltes Wort:

»Holland geht fünfzig Fuß tief im Wasser; die Erde welche das Land bildet, ist nur verankert man befindet sich auf derselben gleichsam an Bord.«

Allmählich drängte uns die Zeit. Wir hatten schon den 11. Juni und mußten an den Aufbruch denken, wenn nicht der ganze Reiseplan umgeworfen werden sollte, obgleich der Wind immer ungünstig blieb und die pittoresken Mühlen von Rotterdam unablässig mit den Riesenarmen in der Luft herumwirbelten.

Wir beschlossen also, zunächst nach Antwerpen zu gehen.

Nach dieser Stadt kann man durch die, die Maas und Schelde verbindenden Kanäle gelangen, ohne die offene See zu berühren. Man folgt dabei jetzt dem Flusse, dann wieder einem Kanal, den die ausgedehnten Wiesen an seiner Seite um etwa zwei Meter überragen, und in welchen man durch vortrefflich instand gehaltene Schleusen gelangt. Diese uns völlig neue Wasserfahrt bot allen Teilnehmern ein ungewöhnliches Interesse, weshalb wir bei derselben einen Augenblick verweilen.

Nach einem letzten Blick auf das Barometer das unabänderlich auf siebenhundertfünfzig Millimeter stehen blieb, und trotz der Verheißung besseren Wetters seitens Thomas Pearkops, dem die Unterlassung der Fahrt nach Hamburg einige Pfund Sterling zu rauben drohte, dampft der »Saint Michel« um neun Uhr morgens nach Antwerpen ab, obwohl wir entschlossen blieben, wenn die Witterung wirklich günstiger würde, das erste Projekt wieder aufzunehmen.

Man braucht zwölf volle Stunden, um durch dieses merkwürdige Land nach dem rechten Ufer der Schelde zu kommen. Der Weg führt zwischen den großen Inseln Zeland, Voorne, Goeree, Schouven und Walcheren hin, hier in engem Kanal, dort auf wirklichen Binnenseen, welche ohne Ausgang zu sein scheinen, und immer mitten unter Barken, Lastschiffen, Sloops, Goëletten und Dampfern, von denen diese, wie weite Prärien stillen Gewässer unaufhörlich durchfurcht werden.

Die Nacht verlief ohne Störung in Zierícksee, am Ende des zweiten Kanals, und am nächsten Tage, am 12. Juni, weckte uns Thomas Pearkop mit der Meldung, daß das Wetter umgeschlagen sei. Da der wackere Lotse dieselbe Nachricht aber schon vier- oder fünfmal gebracht hatte, verhielten wir uns seinen Worten gegenüber zunächst etwas ungläubig. Auf dem Deck überzeugten wir uns dieses Mal jedoch von der Wahrheit seiner Aussage; das Barometer war gestiegen und der Wind während der Nacht schwächer geworden. Wir verzichteten also auf Antwerpen und begnügten uns mit einer flüchtigen Betrachtung der Schelde, welche mir an dieser Stelle viel Ähnlichkeit mit der Loire zu haben schien; dann steuerten wir, statt nach rechts, nach links hin und begaben uns nach Vlissingen.

Die Stadt ist eigentlich nur ein Nest zu nennen und bietet an sich keinerlei Interesse; sie liegt ziemlich fern vom Hafen, der, den Aussagen der Einwohner nach, einmal noch zu hoher Bedeutung gelangen soll. Wir wünschen es aufrichtig, aber wir hoffen auch, daß die Kaufleute desselben sich etwas entgegenkommender verhalten möchten, als es unserem Maschinisten gegenüber der Fall war.

Nachdem wir zu wahrhaft unerhörten Preisen Kohle eingenommen hatten, verließ unsere Jacht Vlissingen wieder, und zwar gegen fünf Uhr abends; die Mündungen der Schelde sind bald erreicht, und nun befinden wir uns also auf der Fahrt nach Hamburg, unter der hohen Leitung des behäbigen Thomas Pearkop. Wir hatten verabredet, daß der »Saint Michel« im Vorübergehen auch Wilhelmshaven, den großen deutschen Kriegshafen, anlaufen sollte, der sich am Jadebusen, neben der Ausmündung der Weser befindet und den wir gern besichtigt hätten.

Es ist doch ein Lotse ersten Ranges, dieser Teufel von Pearkop! Trotz seiner fünfzig Jahre hat er ein Auge ohnegleichen! Am Tage wie in der Nacht entgeht ihm kein Leuchtturm, kein Feuerschiff, kein Fahrzeug oder die flache Küste, die er allemal eine Viertelstunde eher wahrnimmt als jeder andere. Und dann, jener famose Sack – der enthält Karten, Pläne, Instruktionen und vorzüglich ein ungeheures Fernrohr! Herr des Lebens, was ist das für ein gewaltiger Schlauch! Es rührt, seiner Aussage nach, von einem großen, norwegischen Schiffe her, das auf den Godwindbänken, an der Mündung der Themse, zugrunde ging und von dem nichts, gar nichts, gerettet wurde als dieses gigantische Fernrohr.

Thomas Pearkop versicherte, er werde es auch um vieles Geld nicht hergeben, obwohl er sonst nach einem Goldstück ziemlich lüstern ist.

Wenn das Unding mir gehörte, ich gäb' es umsonst weg oder zahlte dem noch darauf, der mir diese Last abnähme, denn ich habe dadurch niemals weder Land noch Licht, weder Ankerboje noch Bake zu erkennen vermocht.

Fünftes Kapitel

Auf offener See weht noch immer der Nordwestwind, freilich etwas schwächer, aber doch noch stark genug, um uns einigermaßen zu beunruhigen. Wir haben einen langen Weg vor uns, ohne einen Hafen außer Texel, im Norden des Zuidersees, und dieser hat eine schwierige Einfahrt. Sind wir einmal über diesen hinaus, so müssen wir wohl oder übel weiterdampfen. Die Brise nahm allmählich wieder zu und es war zu befürchten, daß sie mit Sonnenaufgang noch mehr auffrischte. In diesen höchstens fünfzehn bis zwanzig Faden tiefen Gewässern kommt das Meer schnell in kräftige, kurz stoßende Bewegung und wirft ein so flachgehendes Schiff wie unseren »Saint Michel« unbarmherzig hin und her.

Wir dachten also schon ernsthaft daran, in Texel wieder vor Anker zu gehen, doch bestimmten uns einerseits die Weigerung Thomas Pearkops, der keine Lust zu haben schien, nachts daselbst einzulaufen, und eine weitere Erhöhung der Quecksilbersäule des Barometers, die Reise fortzusetzen. Mit Sonnenaufgang wehte der Wind, wie vorausgesehen, wirklich stärker, er ging aber gleichzeitig nach Norden um, was für uns von Vorteil war. Mit dem Winde von der Seite erreichte der »Saint Michel« mit Hilfe seiner Segel bald eine Schnelligkeit von zehn Knoten. Das Wetter klarte nach und nach auf, und gegen neun Uhr abends kamen wir vor dem Jadebusen an. Dann heuerten wir einen Bremer Lotsen, dessen Boot auf dem Meere am Eingange der Bucht umherschaukelte und der es übernahm, unsere Jacht nach Wilhelmshaven zu bringen, wo wir gegen Mitternacht eintrafen.

Dieser ausschließlich militärischen Zwecken dienende Hafen an der Westseite des Golfes ist durch Tore ohne Schleusen versperrt, die nur zur Flutzeit geöffnet werden, um Schiffe ein- und auslaufen zu lassen. Wir wußten natürlich nicht im voraus, welcher Empfang uns von den Hafenbeamten zuteil werden würde, und ob man einem französischen Schiffe überhaupt den Zutritt gestatten werde.

Wer darüber erstaunen sollte, daß wir als Franzosen so begierig waren, mehrere Punkte der deutschen Küste und vor allem Wilhelmshaven kennenzulernen, dem diene als Erklärung, daß wir der Ansicht huldigen, man könne von fremden Völkern allemal das oder jenes lernen. Was übrigens Deutschland betrifft, so legten wir uns natürlich von vornherein die unter den gegebenen Umständen notwendige Reserve auf.

Am 14. Juni um acht Uhr morgens gingen wir, mein Bruder und ich, ans Land, um die nötigen Schritte zu tun. Ein Herr, in Uniform, wie alle, welche zu der Regierung in irgendwelchem näheren Verhältnisse stehen, empfing uns und wies uns zunächst an den Admiral-Gouverneur von Wilhelmshaven, der in einer Entfernung von zwei Kilometern wohnt. Begleitet von einer straff einherschreitenden Ordonnanz begaben wir uns schnellen Schrittes nach der Amtswohnung des Gouverneurs. Der Admiral ließ uns melden, daß er vor zehn Uhr niemand empfangen könne. Auf unser Gesuch um Erlaubnis zur Einfahrt, da wir die Flut nicht verpassen wollten, erhielten wir denn auch eine schriftliche Order an den Hafenkapitän Möller, den wir nun unverzüglich, begleitet von einer womöglich noch strammeren Ordonnanz, aufsuchten.

Nach halbstündigem Bemühen entdeckten wir endlich den Kapitän Möller, in Uniform, den Säbel an der Seite.

Unsere Ordonnanz geht auf ihn zu, bleibt drei Schritt vor dem Offizier unbeweglich stehen, die Fersen geschlossen, die linke Hand an der Dienstmütze und überreicht mit der rechten Hand dem Kapitän die schriftliche Order des Admirals.

Wenn ich diese Einzelheiten erwähne, so geschieht es, weil sie eine der originellen Seiten der militärischen Organisation Deutschlands illustrieren. Unser Begleiter führte alle Bewegungen mit wahrhaft mechanischer Sicherheit und absoluter Regelmäßigkeit aus, ein Beweis, wie tief die Regeln der Disziplin und der Respekt vor dem Vorgesetzten jedem Untergebenen in Fleisch und Blut übergegangen sind. Mein Leben lang werde ich diesen regungslosen Soldaten nicht vergessen, der erst ein Zeichen seines Vorgesetzten abwartete, um seine Position zu verändern, und dann noch immer voller Respekt vor demselben stehenblieb. Ganz ähnlich verhält es sich zwischen allen Graden der deutschen Armee gegenüber dem höherstehenden Chargierten.

Kapitän Möller erlaubte uns sofort, in den Hafen einzulaufen; er gab die nötigen Befehle und eine Stunde später lag der »Saint Michel« am vorderen Hafenbassin vertäut.

Wilhelmshaven ist noch ziemlich neuen Ursprungs; es besteht erst seit etwa fünfzehn Jahren, das heißt seit der Zeit, wo die Provinzen Schleswig und Holstein dem deutschen Reiche wieder einverleibt wurden.

Es ist das einzige militärische Etablissement, welches das deutsche Reich an der Nordsee besitzt, und wird noch immer mit rastlosem Eifer ausgebaut, so daß es in kurzer Zeit eine Festung ersten Ranges darstellen muß. Seine Lage im Grunde des Jadebusens schützt es vor einem Bombardement von der Seeseite.

Außer den Batterien, welche dasselbe bis zur Mündung der Bucht beschützen, bietet eben die Bucht selbst ihm eine natürliche Verteidigung, da diese nach Entfernung der Seezeichen für jede feindliche Flotte so gut wie unerreichbar ist. Das Fahrwasser in dieselbe hinein ist außerordentlich gewunden, die Strömung sehr schnell, und wenn es Kanonenboote wagen sollten, sich einen Weg zu erzwingen, so wären sie aus kurzer Entfernung einem verheerenden Feuer schwerer Batterien ausgesetzt, welche alles in Grund und Boden schießen, was den Torpedos etwa entgangen sein sollte.

Vorläufig hat der Hafen nur einen Zugang; binnen zwei Jahren wird er jedoch noch einen zweiten besitzen, an dem man Tag und Nacht arbeitet und der ihm einen weiteren Vorzug gewähren wird. Er enthält zwei Bassins, den Vorhafen, in welchem der »Saint Michel« liegt, und den eigentlichen Kriegshafen, in dessen Hintergrunde sich zahlreiche Werkstätten, Werften und Docks befinden. Dieser Teil ist für Fremde nur mit besonderer schriftlicher Erlaubnis des Gouverneurs zugänglich.

Wir wünschen natürlich lebhaft, auch diesen reservierten Teil der Anlage kennenzulernen, und begaben uns deshalb gegen zwei Uhr nach dem Hotel des Gouvernements, um die unumgänglich nötige schriftliche Erlaubnis auszuwirken.

Der Vizeadmiral-Gouverneur war abwesend und wir richteten unser Gesuch demnach an den stellvertretenden Gouverneur, den Konteradmiral Berger. Der hohe Offizier empfing uns unverzüglich. Er äußerte seine Befriedigung darüber, auch einmal eine französische Jacht den großen deutschen Kriegshafen besuchen zu sehen, und fügte dem sogar eine Entschuldigung bei, daß er uns am Morgen unmöglich habe empfangen können.

Dieses wohlwollende Entgegenkommen erfüllte uns mit bester Hoffnung; als wir indes den delikaten Punkt berührten, erklärte der Admiral, daß er Erlaubnis zum Besuche des eigentlichen Arsenals nur nach Anfrage in Berlin gewähren könne, und erbot sich, sofort dahin zu telegrafieren. Wir lehnten das dankend ab. »Ist es aber«, fragte ich, »nicht vielleicht gestattet, wenn nicht das Arsenal, so doch das Artillerie-Schulschiff, den »Mars« zu besuchen, der im Vorderhafen ankert?«

»O, gewiß«, antwortete der Admiral; »ich werde Ihnen meine Karte übergeben, welche Sie dem diensttuenden Offizier übermitteln lassen wollen, und er wird Sie zweifelsohne willkommen heißen. Sie werden da die neuesten Geschütze sehen, und empfehle ich Ihrer Aufmerksamkeit besonders das Vierundzwanzig-Zentimeterrohr, mit dem wir uns schmeicheln, jeden existierenden Panzer noch in der Entfernung von achthundert Metern zu durchbohren.«

Wir verabschiedeten uns von Seiner Exzellenz und trafen eine Viertelstunde später bei der Fregatte »Mars« ein.

Dieses ungepanzerte Eisenschiff erscheint für den ersten Blick von etwas schwerfälliger Bauart, erfüllt jedoch seinen Zweck ganz ausgezeichnet. Die Armierung desselben besteht aus allen in der deutschen Marine jetzt gebräuchlichen Kalibern, von der Kruppschen Acht- bis zur Vierundzwanzig-Zentimeterkanone, dem Geschütz, auf welches uns Admiral Berger direkt hinwies.

An Bord angelangt, empfängt uns der Kapitän und zweite Befehlshaber der Fregatte, der des Französischen ebenso gut wie jeder gebildete Franzose mächtig ist. Er stellt sich uns zur Verfügung und zeigt und erklärt uns sein Schiff mit größter Zuvorkommenheit. Der vierundzwanziger Krupp erregte natürlich unser hervorragendes Interesse. Wie alle aus der großen Werkstatt in Essen herrührenden Geschütze ist auch dieses aus Gußstahl hergestellt und mit Schmiedeeisenringen verstärkt; denn wenn sein Geschoß auf achthundert Meter noch die stärksten Panzerplatten durchschlagen soll, muß es eine wahrhaft ungeheure Anfangsgeschwindigkeit haben, welche nur durch eine sehr starke Pulverladung zu erzwingen ist.

Unser Besuch endete im Achtersalon, wo sich eine Anzahl Offiziere befand, denen der Kapitän uns vorstellte. Alle sprachen geläufig englisch und französisch. Sie erzählten uns von einem unlängst an Bord ihrer Fregatte vorgekommenen Unfall, bei dem eine Granate geplatzt war, als sie eben in das Geschützrohr eingeführt werden sollte; acht Mann waren dabei getötet und noch ein Dutzend andere mehr oder weniger schwer verletzt worden. Auch auf einem anderen Schiffe war eine Kruppsche Kanone gesprungen und hatte erhebliche Verheerungen angerichtet. Die

Offiziere sprachen ungemein zwanglos über diesen Vorfall. Sie hätten noch hinzufügen können, daß eines ihrer Panzerschiffe kürzlich beinahe untergegangen wäre, indem es durch ein falsches Manöver gegen den Hafendamm in Kiel anlief und ein Leck bekam, ein Unfall, der wenigstens in französischen Zeitungen nirgends besprochen worden ist.

Der Dienst für die Marineoffiziere an Bord des »Mars« muß ein ziemlich beschwerlicher sein. Die Mannschaft des Schiffes wird nämlich alle zwei Monate gewechselt, um eine möglichst große Anzahl Matrosen mit der Bedienung der Geschütze vertraut zu machen. Solange die Fregatte im Hafen liegt, detachiert man auch eine Abteilung der Mannschaft nach einem Kanonenboote, um auf der Reede nach einem Ziele schießen zu lernen. Auf jeden Fall wird in Wilhelmshaven sehr viel Pulver verplatzt. Tag für Tag haben Matrosen und Marinesoldaten Schießübungen, denen man mit Recht hier großen Wert beilegt.

Gegen vier Uhr nahmen wir Abschied, nachdem wir, dem zweiten Befehlshaber und den Offizieren unseren aufrichtigen Dank abgestattet hatten.

Sechstes Kapitel

Am nächsten Morgen befand sich der »Saint Michel« schon unter Dampf, um mit der Flut den Hafen zu verlassen und nach Hamburg, dem Ziele unserer Reise, abzugehen. Wir trafen eben die letzten Vorbereitungen, als ein Marine-Ingenieur an Bord kam, um die Jacht zu visitieren; er stellte dabei auch die Frage, wohin wir uns zu begeben gedächten.

»Nach Hamburg«, erwiderte mein Bruder, »wir haben bereits zu viel Zeit versäumt, um noch in die Ostsee gehen zu können, denn es scheint mir nicht ratsam, längs der gefährlichen Westküste Jütlands hinaufzusegeln.«

»Warum benutzen Sie dann nicht den Eiderkanal, der im Kieler Busen mündet?« fragte der Ingenieur. »Damit ersparen Sie die Reise um ganz Dänemark und gelangen, nach einer Fahrt durch wirklich reizende Landschaften, am zweitfolgenden Tage in die Ostsee.«

»Das würde uns ja sehr angenehm sein«, bemerkte ich; »doch ist der Kanal, soviel ich weiß, durch mehrere Schleusen unterbrochen, welche vielleicht zu kurz sein möchten, um dieselben mit dem »Saint Michel« zu passieren.«

»Das glaube ich nicht«, erwiderte der Ingenieur. »Übrigens können wir uns darüber sehr leicht vergewissern. Wie lang ist Ihre Jacht?«

»Mit dem Bugspriet sechsunddreißigMeter.«

Das ist freilich etwas lang, meine Herren. Doch wir werden ja sehen; folgen Sie mir gefälligst nach dem Hafenamte, wo man uns verläßlichen Aufschluß geben wird.«

Unterwegs begegneten wir einemKorvettenkapitän, der mit dem Torpedodienst im Jadebusen betraut war. Der Ingenieur teilte diesem unsere Absicht mit und fragte, ob er dieselbe für ausführbar halte.

»Das ist sehr einfach«, antwortete der Offizier. »Gehen Sie mit mir an Bord eines kleinen Dampfers, der direkt von Kiel hier eingetroffen ist. Hier in der Nähe hält eine Dampfschaluppe. Wenn Sie mich begleiten wollen, werden wir sogleich über die Dimension der Schleusen aufgeklärt sein.«

Wir nahmen den freundlichen Vorschlag an und befanden uns zehn Minuten später an Bord des Dampfers, der durch den Eiderkanal zwischen Kiel und Wilhelmshaven verkehrt.

Als ich die, im Verhältnis zu seiner Länge, sehr große Breite dieses Schiffes bemerkte – eine Bauart, welche ohne Zweifel mit Rücksicht auf eben jene Schleusen beliebt geworden ist – hatte ich wenig Hoffnung. Mir erschien unsere Jacht entschieden zu lang für die betreffenden Schleusenkammern.

Während ich meinem Bruder diese Befürchtungen mitteilte, hatten die Offiziere Spezialkarten des Eiderkanals herbeischaffen lassen und maßen die Länge der Schleusen.

Nach ziemlich langer Debatte mit dem Kapitän des Dampfers erklärt der Ingenieur, daß wir wahrscheinlich passieren könnten; daß man darüber durch genaue Messung des »Saint Michel« aber noch weitere Gewißheit erlangen könne. Die Schaluppe dampft ab und wir kehren wieder an Bord zurück.

Bei der Ankunft begegnen wir noch einem hohen Offizier, dem der Ingenieur unsere Verlegenheit mitteilt. Nach der üblichen Vorstellung sagt der Offizier zu uns:

»Wir haben ja Gelegenheit, meine Herren, alle Ihre Zweifel auf die einfachste Weise zu lösen. Hier liegt auch ein Kanonenboot, welches seinerzeit von Kiel nach Wilhelmshaven durch den Kanal gedampft ist. Wir messen, wenn Sie das gestatten, ihre Jacht genau aus, dann das Kanonenboot ebenso, und Sie werden sofort wissen, woran Sie sind.«

Wenige Minuten später war der »Saint Michel« von der Spitze des Bugspriets bis zum Hackbord mittels einer Leine gemessen, dann begaben wir uns nach dem Kai, wo das Kanonenboot lag, und es zeigte sich, daß dieses noch zwei Meter länger war als unsere Jacht.

Wir glaubten nun zwar unserer Sache gewiß zu sein, aus übergroßer Vorsicht entließ mein Bruder jedoch an den Kanaldirektor noch eine Depesche mit genauer Längenangabe seiner Jacht und mit der Bitte, uns nach Tönning Nachricht zu geben, ob wir die Fahrt durch den Kanal unternehmen könnten. Darauf verabschiedeten wir uns von den deutschen Offizieren und kehrten nach unserem Schiffe zurück.

Eine Stunde später dampfte der »Saint Michel« nach Tönning, einem kleinen holsteinischen Hafen* an der Mündung der Eider, ab.

Siebentes Kapitel

Jetzt meldete sich Thomas Pearkop wieder, der sich mit seiner Lieblingsrechnung beschäftigt zu haben schien:

»Wenn Sie mir zwei Pfund mehr geben wollen«, sagte er, »erspare ich Ihnen das Lotsenhonorar für die Fahrt durch den Jadebusen, das wenigstens fünf Pfund beträgt, und führe das Schiff selbst hinaus.«

»Aber, Pearkop«, erwiderte ich, »das Fahrwasser ist sehr winkelig. Wir sind während der Nacht hier angekommen, Sie haben sich also wohl kaum genügend über dasselbe und über die Lage der Baken unterrichten können.«

»Beruhigen Sie sich, meine Herren, ich sah alles, was ich brauche, und nehme die Verantwortlichkeit auf mich.«

* Tönning liegt nicht in Holstein, sondern am nördlichen Eiderufer auf Eiderstedt.

Das Schifferhaus am Tönninger Innenhafen.

Das Gebot wurde angenommen. Thomas Pearkop leitete das Schiff vortrefflich und verdiente sich seine zwei Pfund, während wir drei ersparten.

Am 15. Juni gegen Abend kamen wir in dem Hafen von Tönning an, der eine herrliche Lage am rechten Eiderufer hat, und nachdem am folgenden Morgen Kohle gefaßt war, besorgten wir uns einen Lotsen nach Rendsburg, dem Punkte, wo der eigentliche Kanal seinen Anfang nimmt.

Hier wartete unser aber eine schmerzliche Enttäuschung. Ein Brief des Kanaldirektors, die Antwort auf unser Telegramm, meldete, daß wir die Schleusen nicht passieren könnten, da unsere Jacht um drei Meter zu lang sei.

Was nun?

»Es soll niemand sagen«; rief da mein Bruder, »daß Bretagner sich durch unerwartete Hindernisse besiegen ließen! Der »Saint Michel« ist zu lang? … Gut, so schneidern wir dem »Saint Michel« die Nase, das heißt das Bugspriet ab und wenn es nötig wäre, auch noch die Gallion!«

»Einverstanden«, gab ich zur Antwort, »doch wollen wir damit warten,' bis die Jacht an die erste Schleuse kommt.«

Sobald sich die Nachricht verbreitete, daß wir den Eiderkanal passieren wollten, kam es unter den Bewohnern des Landes, den Kaufleuten und Lieferanten, welche das Eintreffen einer französischen Jacht herbeigelockt hatte, zu lebhaften Verhandlungen. Die Mehrheit behauptete, daß wir unmöglich hindurchkommen könnten. Wir ließen die guten Leute reden und fuhren nach Rendsburg ab, wo wir gegen sechs Uhr abends anlangten.

Zunächst fährt man von hier aus also den reizenden Eiderfluß hinauf, der sich in unzähligen Krümmungen dahinwindet. Oft kommt man ganz nahe an den Punkt wieder zurück, wo man vorher war, und ich schätze die Länge der Wasserstraße von Tönning nach Rendsburg zu mindestens hundertfünfzig Kilometern, während die Luftlinie gewiß nicht mehr als etwa achtzig beträgt.

Das Land ist flach, aber üppig grün und hat viele Weiden, auf denen sich Pferde, Kühe und Schafe zu Hunderten frei umhertummeln; von Zeit zu Zeit erscheinen einzelne, bewaldete Hügel, Fabriken, Landgüter, die Häuser mit ungeheurem Strohdache bedeckt; die niedrigen Backsteinmauern durchbrochen durch die Pfosten der Fenster mit grünem Rahmen, weiterhin ein oder zwei kleine Städtchen, Friedrichstadt, Erfde, Hohe Fähre* und andere Flecken, welche alle unter Bäumen versteckt liegen. Der Fluß ist im

* Gemeint: Hohner Fähre.

Am dithmarscher Eiderufer fiel der Blick der Verne'schen Reisegesellschaft auf viehbestandene Weiden. Illustration um 1860.

allgemeinen zwar tief genug, aber das eigentliche Fahrwasser oft von zu vielen Küstenfahrzeugen jeder Art, vorzüglich von roten, blauen und grünen Galioten beansprucht, auf denen der Schiffer gleich mit Weib und Kind wohnt, und deren gelbliche Segel mit dem Grün der Landschaft angenehm kontrastieren. Trotz der Gewandtheit unseres holsteinischen Lotsen geriet der »Saint Michel« doch einmal mit dem Ende des Hinterstevens auf den Grund und konnte nur mit Mühe wieder flottgemacht werden.

In Rendsburg, wo wir gegen sechs Uhr abends ankamen, befindet sich die erste Schleuse. Werden wir hindurchkönnen? Auf den ersten Blick erscheint das zweifelhaft. Die Kammer erscheint so kurz. Unsere Ungewißheit währte nicht lange, nach zwei Minuten liegt die Jacht in der Schleusenkammer, paßt aber so knapp hinein, daß wir, um

Inschrift am Altholsteiner Tor der Rendsburger Festung.

die folgenden, etwas kürzeren Schleusen passieren zu können, wirklich das Bugspriet einholen müssen – eine mühsame, zeitraubende Arbeit, welche wir jedoch sofort vornehmen. Glücklicherweise brauchten wir die Gallion am Vordersteven nicht zu opfern.

Rendsburg, vor der Annexion eine hervorragende, große deutsche Stadt Dänemarks, ist durch seine Lage ein Platz von Bedeutung. Schon im Altertume konnte es an seine Tore schreiben: ...:

*Eydora Romani terminus imperii.**

In der Tat bildete die Eider eine der Grenzen, über welche die römische Herrschaft nicht hinausreichte. Jetzt ist

* „Die Eider ist Grenze des Römischen Reiches".

Passt die *Saint Michel* hinein? Rendsburger Schleuse mit Zoll- und Schleusenwärterhaus, um 1880.

Rendsburg der Sitz des Kommandos des elften deutschen Armeekorps. Die Stadt an sich bietet des Interessanten wenig, aber die Umgebungen sind recht anziehend. Der Park mit seinen mächtigen Bäumen, deren unterste Äste ihre Blätter in der Eider baden, ist wirklich reizend.

Von der Pracht der Vegetation dieser nordischen Lande macht sich derjenige, der sie nicht selbst gesehen hat, kaum eine richtige Vorstellung. Es scheint, als ob die Natur nach sechsmonatigem Winterschlafe hier desto schneller erwachte. Sie beeilt sich gleichsam den grünen Frühlingsschmuck anzulegen, um die düsteren, traurigen Tage der strengeren Jahreszeit vergessen zu machen. Die Feldblumen warten nicht einmal das Schmelzen des Schnees ab, die Baumknospen sprengen die dünne Eiskruste, welche die

Arkadien am Eiderkanal: Die Schleusenanlage beim Herrenhaus Knoop, um 1880.

durch den aufsteigenden Saft belebten Zweige etwa noch bedeckt, und alles entwickelt sich mit einem Ungestüm, das in dem wärmeren Klima Frankreichs unbekannt ist.

Von Rendsburg bis Kiel führt der Kanal durch einen wirklichen Park, eine Art Saint Cloud, aber mit zweihundert Fuß hohen Bäumen, vorzüglich Buchen, welche anstelle der Eichen und Weidenbäume der Vorzeit getreten sind. Hier erweitert sich die Eider zu einem ausgedehnten und ruhigen Wasserbecken, welche das Bild ihrer anmutigen Ufer unverändert widerspiegeln; weiterhin zieht sich der Fluß zusammen und windet sich in zahllosen Biegungen unter gigantischen Bäumen hin, deren Kronen sich über seinem Bette berühren und ein für die Sonnenstrahlen undurchdringliches Blättergewölbe bilden. Die Jacht glei-

Herrenhaus Knoop, errichtet 1796 nach Plänen des Architekten Axel Bundsen: Der Kanal führt durch den Gutspark, Illustration um 1860.

tet ruhig durch den geheimnisvollen Laubengang, zwischen hölzernen Baken und geflochtenen Uferwänden hin. Die Fahrt scheint nach unbekannten Welten zu gehen. Rings um das Schiff säuselt und zittert ein Blättermeer, und das Ufer verschwindet gänzlich unter dem dunkelglänzenden Grün. Rosenstöcke neigen sich bei unserem unerwarteten Erscheinen; Wasserpflanzen mit grünen, still daliegenden-Blättern scheinen zu erschrecken und tauchen in die schützende Tiefe, dagegen bleiben – wie um der bezaubernden Landschaft einen bestimmten Stempel aufzudrücken – während Buchfinken und Stieglitze eilends entfliehen, die Störche furchtlos stehen, wenn wir vorüberfahren, erheben

Kam Jules Verne in den Blick: Die 1875 fertig gestellte Strafanstalt Rendsburg.

sich dann raschen Fluges und suchen einen Platz auf den Gipfeln der Bäume oder auf dem Radneste der originellen Bauerngehöfte.

Von Rendsburg waren wir am 17. Juni morgens acht Uhr abgefahren, sahen stromaufwärts von der Stadt das große Provinzialgefängnis und langten um fünf Uhr nachmittags auf der Reede von Kiel an: Wir mußten inzwischen sechs Schleusen, zwei Eisenbahn-Drehbrücken und vier oder fünf gewöhnliche Zugbrücken passieren. Die letzteren zeichnen sich durch ihre erstaunliche Einfachheit aus: zwei Männer, auf jeder Seite einer, genügen, um dieselbe mit Hilfe eines sorgfältig berechneten Systems von Gegengewichten in wenig Sekunden zu öffnen und zu schließen.

Was beginnt man aber, während die Jacht durch das Kammerwasser gehoben und gesenkt wird, je nach der Sei-

Holtenauer Kanalschleuse mit Klappbrücke, Fotografie von Wilhelm Dresen, um 1893.

te der Wasserscheide, auf der man sich befindet? Nun, man lustwandelt auf den, sauber wie Parkwege unterhaltenen Leinpfaden, man legt sich träumend in den dichten Schatten, der mit erquickender Kühlung labt. Freundliche Schänken, meist da errichtet, wo der Leinpfad einen Winkel bildet, laden mit ihren angestrichenen Holztischen zu einem Glase vortrefflichen, schäumenden Bieres ein. Alles ringsum ist voller frühlichen Lebens, reinlich, wirklich bezaubernd.

Wie hat nun aber jenes Kanonenboot die genau für die Länge des »Saint Michel« ausreichenden Schleusen passieren können?

Darüber erhielten wir erst in Rendsburg Aufklärung. Der Generalinspektor teilte uns mit, daß man seinerzeit, um das Kanonenboot schleusen zu können, die Kammern

Wie zu Jules Vernes Reisezeit: Ausflugsdampfer vor der Knooper Schleuse, 1888.

verlängert und mit provisorischen Toren versehen habe. Diese Arbeit verursachte große Unkosten, aber die Umstände verboten jede derartige Rücksicht. Es war während des Krieges. Die Deutschen fürchteten einen Angriff der französischen Flotte auf Wilhelmshaven, das noch nicht in dem Verteidigungszustande war wie heutzutage. So durften sie natürlich auch die Kosten nicht scheuen, um zwei oder drei Kanonenboote, die sie zur Abwehr eines etwaigen Angriffs brauchten, durch den Kanal gehen zu lassen.

Hätten wir diese Einzelheiten schon vor der Abreise aus Wilhelmshaven gekannt, so würden wir diese Fahrt nicht gewagt haben; es bedurfte ja so wenig, daß der »Saint Michel« überhaupt nicht hätte passieren können! Nur fünfundzwanzig Zentimeter Länge mehr, und wir mußten zurückkehren, und zwar auch die Maschine nach rückwärts arbeiten lassen, da an jenen Stellen an ein Umdrehen des Dampfers nicht zu denken war. Wer da weiß, was das zu bedeuten hat, wird unsere Befriedigung begreifen, dieser Notwendigkeit glücklich enthoben zu bleiben.

Ich erwähnte schon, daß die Eider sehr viele Krümmungen macht, daneben wird sie auch noch von zahlreichen Galioten und kleinen Touristendampfern mit Musik auf dem Deck befahren. Von Rendsburg nach Kiel jedoch wird sie, mit Ausnahme weniger Stellen, ganz außerordentlich schmal. Das macht die Schwenkungen um die scharfen Winkel besonders schwierig, und man ist gezwungen, immer eine Stange zur Hand zu haben, um das Schiff vom Ufer abzuhalten. Das Steuer wirkt hierzu nicht ausreichend, und einigermaßen lange Fahrzeuge haben hier mit unglaublichen Schwierigkeiten zu kämpfen; die Regierung denkt auch daran, einen Kanal in größtem Maßstabe herstellen zu lassen, der, für Schiffe jeder Größe, auch für die tiefgehenden Kriegsschiffe, benutzbar sein soll. Die beiden Kriegshäfen in Wilhelmshaven und Kiel würden dadurch in Verbindung gesetzt und könnten einer den anderen im Notfall unterstützen.

Achtes Kapitel

Und Thomas Pearkop, wird der Leser fragen, was ist aus dem vortrefflichen Thomas Pearkop geworden? Wurde er an Bord des »Saint Michel« behalten? Und wenn das der Fall war, was konnte er jetzt, wo man seiner scharfen Augen nicht bedurfte, noch nützen?

Die Antwort lautet sehr einfach: Wir haben den »Gentleman« bei uns behalten. Wir waren an ihn, an sein breites blühendes Gesicht, das für die treffliche Verpflegung auf der Jacht den sprechendsten Beweis lieferte, nun einmal gewöhnt, und er hätte uns gewiß gefehlt. Ich muß freilich hinzusetzen, daß er, um an Bord zu bleiben, den Vorschlag gemacht hatte, uns mit Gewährung von Rabatt, ja wirklich mit Rabatt, nämlich für nur acht Pfund Sterling, nach Deal zurückzulotsen!

Das erscheint auf den ersten Blick nicht recht erklärlich; bei näherer Betrachtung erkennt man jedoch, daß jenes billige Angebot auf einen wohlerwogenen Finanzplan fußt, der ihm mancherlei Vorteile gewährte.

1. Thomas Pearkop ersparte durch fernere Verwaltung seines Dienstes das Passagiergeld von Tönning nach Hamburg und von Hamburg nach der englischen Küste; für ihn ein gewichtiger Punkt.

2. Er benutzte seinen Aufenthalt an Bord des »Saint Michel« zur bequemen Erlernung der französischen Sprache

Ja, ja, es ist so, und er hatte dazu auch ein recht sinnreiches Mittel gewählt, nämlich eine vertraute Verbindung mit unserem Schiffskoch, dem er mancherlei Dienste leistete. Er putzte z.B. Möhren, wusch Salat, klopfte Beefsteaks – mit Sachverständnis, weder zu stark noch zu schwach – mit einer Hand, welche mehr geeignet schien, dieselben zu pulverisieren. Dann begleitete er den Küchenchef nach dem Markte und wußte es immer so einzurichten, daß dieser einkaufte, was er, Pearkop, mit Vorliebe aß – vorzüglich Fische, die bei ihm, als ehemaligem Fischer, hoch in Gunst und Ansehen standen. Wenn er diese Speise zu beurteilen wußte, so verstand er sich auch nicht weniger auf die Vertilgung derselben.

Aber, wird man fragen, das Französisch, wie lernte er das? Obgleich Thomas Pearkop weder französisch noch deutsch, weder dänisch noch holländisch sprach, so diente er doch als Dolmetscher zwischen unserem Koch, der jene Sprache gar nicht verstand, und den verschiedenen Lieferanten der Bedürfnisse unserer Jacht. Wie er damit fertig geworden ist, vermag ich zwar nicht zu erklären aber die Tatsache kann ich bekräftigen.

Außerdem machte er sich übrigens mit unserem Schiffsjungen ziemlich viel zu schaffen.

»Junge, ein Glas Wein!«

»Junge, mir ein Glas Bier!«

»Junge, ein Glas Branntwein!«

»Junge, ein Glas Wasser!«

Die letzteren Worte hörte man freilich am seltensten. Da sich derlei Übungen häufig genug wiederholten, lernte Thomas Pearkop die französische Sprache so weit recht gut, wie sie für eine angelsächsische Gurgel von spezieller Bedeutung ist, und jetzt hat er es schon zu einem ziemlich beträchtlichen Tonumfang darin gebracht.

Es wäre gewiß zu viel behauptet, wenn ich dem »Gentleman« nachrühmte, daß er bei Beendigung seines Dienstes auf der Jacht schon gründlich französisch verstanden hätte, aber jedenfalls wußte er ein Glas jedes beliebigen Getränkes ohne Schnitzer zu bestellen. Darauf beschränkte sich sein Wortschatz, nicht zu vergessen das Wörtchen »bono«, das er stets schnalzend als Zeichen höchster Befriedigung hervorbrachte.

Auf der Eider: Originalillustration 1881.

Blick auf Kiel: Originalillustration 1881.

Neuntes Kapitel

Die Kieler Bucht, in der unsere Jacht mit wieder ausgeschobenem Bugspriet gegen sechs Uhr abends vor Anker ging, ist ohne Zweifel eine der schönsten und sichersten von ganz Europa. In diesem geräumigen Wasserbecken könnten alle Flotten der Erde Schutz suchen und sogar manövrieren. Kiel selbst liegt (vom Land aus) links am Ende des Hafens mit einem Hintergrunde von üppigem Grün. An der anderen Seite befindet sich das von der Stadt völlig getrennte und mit hohen Mauern umfriedigte Arsenal.

Da wir nicht wieder, wie in Wilhelmshaven, in die Lage kommen wollten, das von seiten des Gouverneurs wahrscheinlich zu erwartende Angebot einer telegrafischen Nachfrage im Berliner Ministerium höflich abzulehnen, beschränkten wir uns darauf, von dem Kieler Arsenal nur das zu sehen, was man von außen davon wahrzunehmen vermag. Von einer dicht dabei emporsteigenden Anhöhe, dem sogenannten Dockberge, kann man nämlich die ganze Anlage bequem und ziemlich genau überblicken. Außer den zahlreichen Werkstätten lagen an jenem Tage darin vier große Panzerschiffe mit je vier Schornsteinen, von denen eines, infolge des oben erwähnten Unfalles, in Reparatur war. Diese Panzer schienen mir mit je vier groben Geschützen, zum Feuern über die Bank, ausgerüstet. Ferner ankerten hier mehrere Kanonenboote mit je einem Vierundzwanzig-Zentimetergeschütz auf dem Vorderdeck.

Wir hatten auf dem Wege nach Kiel gehofft, daselbst den größten Teil der deutschen Panzerflotte vereinigt zu sehen, fanden diese Hoffnung aber leider getäuscht. Es ankerte hier nur, mit der Hafenwache beordert, der Holzdampfer »Arcona« mit der Vizeadmiral-Flagge am Vortopp.

Geschütz von Krupp im Forts Falckenstein auf dem Braunen Berg bei Friedrichsort, zeitgenössische Illustration.

Wenn ich mich recht entsinne, war es die Fregatte »Arcona«, welche während des Krieges 1870 einen ihr erst von der französischen Fregatte »La Surveillante« und dann von der Korvette »La Belliqueuse« auf der Reede von Funchal, Madeira, angebotenen Kampf ablehnte und deshalb bis zum Ende des Krieges an jener Insel liegen bleiben mußte.

Kiel, schon unter der früheren dänischen Oberhoheit ein blühender Handelsplatz, ist seit dem Anschlusse an das deutsche Reich in raschem Aufschwunge begriffen und zählte 1871 gegen 32000, 1875 über 37000 und 1880 über 43000 Einwohner.

Wunderbarerweise ist seit dem Kriege ein französisches Konsulat in Kiel nicht mehr geduldet worden, die Erklärung dafür sucht man in der Befürchtung, daß ein solcher Konsul über die fortschreitende Entwicklung der deutschen Kriegsmarine Bericht erstatten könnte; als Wiedervergeltung hat man in Frankreich dafür die deutschen Konsulate in Cherbourg und Toulon aufgehoben.

Der Kieler Busen ist von einem dichten Rahmen herrlicher Bäume eingefaßt. Ulmen, Buchen, Kastanien und Eichen, welche oft bis zum Strande herabgehen, erreichen hier eine kaum glaubliche Größe.

Zahlreiche Landhäuser schimmern auf den die Bucht umgebenden Hügeln lachend aus dem dunklen Grün hervor, während die verschiedenen Punkte des Hafens durch flinke kleine Dampfer in bequeme Verbindung gesetzt sind. Man kann sich kaum einen freundlicheren erquickenderen Anblick denken, als den jener Häuschen von oft phantastischer Bauart, welche das schöne, wechselreiche Ufergestade schmücken. Ohne Zweifel entwickelt sich dieses bevorzugte Stückchen Erde in nicht ferner Zeit zum Stelldichein der vornehmen deutschen Gesellschaft, zu einem Brighton Norddeutschlands, aber einem unendlich viel grüneren, schattigeren, waldesduftigeren Platz als jenes Brighton an der englischen Küste, das, von der See aus gesehen, durch seine einförmige Dürre der Landschaft eher abschreckt.

Wir brauchen wohl nicht besonders zu bemerken, daß der Kieler Busen sorgsam und zweckmäßig befestigt ist. Die sehr enge Einfahrt zu demselben wird von furchtbaren Batterien beherrscht, welche jene übers Kreuz bestreichen. Die berühmte Kanone – von Preußen 1867 zur Internationalen Pariser Ausstellung geschickt – welche ein Geschoß von zehn Zentnern schleudert, ist auf einer Bastion an der engsten Stelle des Hafeneinganges aufgestellt. Ein feindliches Schiff, das diesen Weg zu forcieren versuchte, würde zweifelsohne binnen wenigen Minuten zerschmettert sein.

Die Stadt Kiel selbst ist offen, doch geht man mit dem Gedanken um, sie mit detachierten Forts zu umgürten. Soviel ich weiß, sind die vorgängigen Terrainuntersuchungen schon beendet, und man wird, wie es bei der deutschen Regierung Sitte zu sein pflegt, dem Worte rasch genug die Tat folgen lassen.

Zehntes Kapitel

Nach vierundzwanzigstündigem Verweilen in Kiel lichteten wir am Abend des 18. Juni wieder die Anker, ohne einen Lotsen in Anspruch zu nehmen, um nach Norden bis Kopenhagen hinaufzudampfen.

Kapitän Ollive hatte die Führung des »Saint Michel« wieder übernommen, und Thomas Pearkop sah sich dadurch aus der Rolle der »größten Nützlichkeit« in die der »vollständigsten Nutzlosigkeit« versetzt.

Wie ich schon erwähnte, befaßte er sich aber mit allem möglichen und mit noch etwas mehr, oder versuchte es wenigstens, wenn auch ohne besonderen Erfolg. Die Seemannsnatur gewann in ihm stets die Oberhand. Er bekümmerte sich um den Kurs, sondierte den Grund, warf das Log aus, prüfte den Horizont mit allezeit untrüglichen Blicken, entdeckte noch immer die Leuchtfeuer und die Küste eher als jeder andere und erteilte seine Ratschläge ungefragt unserem Kapitän, der, wie es ihm paßte, auf dieselben achtete oder nicht.

Die Fahrt von Kiel nach Kopenhagen bietet keinerlei Schwierigkeiten, verlangt aber unausgesetzte Aufmerksamkeit; alles dänische Land, Inseln wie Festland, erhebt sich nämlich nur wenig über die Meeresfläche, die Wassertiefe des umgebenden Meeres ist nur gering und das eigentliche Fahrwaser oft nur sehr schmal.

Herrlich sank der Abend herab. Wir hatten jetzt die längsten Tage des Jahres und befanden uns zwischen dem 54. und 55. Grade nördlicher Breite. Erst spät am Abend verschwand die Sonne unter dem Horizonte – und wie ließ sie sich bitten! Sie schien das von ihrem Glanze widerstrahlende Himmelsgewölbe nur ungern zu verlassen. Mit etwas Poesie im Herzen und einiger Mythologie im Kopfe hätte man Phöbus für eifersüchtig auf die Schwester Phöbe halten können, welche am anderen Himmelsrande bleich und schüchtern emporstieg und gleichsam das Verschwinden des helleren Tagesgestirns erwartete, um die Alleinherrschaft im tiefen Azur der Nacht anzutreten.

Jetzt stand der ganze Himmel wie von einer Feuersbrunst in Flammen. Die leichten Wolken, welche die Sonne zur Ruhe begleiteten, erglänzten so leuchtend rot, daß uns die Augen davon schmerzten. Das Meer rollte langsam gleich einer Masse flüssigen Goldes dahin. Inmitten dieses Übermaßes von Glanz und Licht bildete ein kleines mürrisches Wölkchen, das ganz schwarz am Himmel stand, einen merkwürdigen Kontrast mit seinen schimmernden Nachbarn – es schien wie zur Strafe ausgeschlossen von der allgemeinen Illumination. Phöbus mochte aber zuletzt doch Mitleid fühlen, und bevor er in den Fluten verschwand, übergoß er es noch mit seinen warmen Strahlen und schmückte es mit den letzten Lichtern, welche noch lange, lange Zeit in der eigentlich kaum endenden Dämmerung blinkten.

Jetzt hatte der Mond freies Feld vor sich, um sich der wenigen, ihm überhaupt verbliebenen Stunden zu freuen.

Langsam sahen wir die Silberscheibe emporsteigen, als ein Ausruf meines Bruders unsere Aufmerksamkeit erregte und die Blicke aller von der bescheidenen Phöbe ablenkte.

»Ein Komet!« rief er, »ah, seht den schönen Kometen!«

Wir drehten uns um und erblickten einige Grade über dem Polarstern, genau im Meridian, das prächtige Gestirn, das unsere Augen hier zum ersten Male erfreute.

Unsere Überraschung war nicht gering. Vor der Abreise hatte man wohl allgemein von einem Kometen gesprochen, aber die französischen Astronomen beeilten sich, die gewöhnlichen Sterblichen zu benachrichtigen, daß derselbe auf unserer Halbkugel nicht sichtbar sein werde. War das nun ein neues Gestirn oder der vorher angekündigte Komet, der die Behauptung der Gelehrten Frankreichs Lügen strafte?

Wie dem auch sei, jedenfalls bewunderten wir schon seit einigen Minuten seine elegante Gestalt und die leichte Biegung seines Schweifes, als plötzlich ein furchtbares Geräusch, wie von einem schwerbeladenen, über die Straße rollenden Wagen – mit einem Worte ein wirklich erschreckender Lärm entstand. Es war, als hätte sich eine Lawine über unsere Jacht gestürzt.

Ich glaube, ich wollte schon rufen: »Rette sich, wer da kann!«, als mir der Zusammenhang plötzlich klar wurde.

Thomas Pearkop kam nämlich pustend auf das Deck gestürmt und rief: »The comet! The comet! What a fine comet!«

»Zu spät, alter Freund«, antworteten wir, froh darüber, einmal Revanche nehmen zu können, »viel zu spät für einen »Gentleman«, der so gute Augen und ein so vorzügliches Fernrohr besitzt wie Sie! Hängen Sie sich auf, wackerer Pearkop, wir haben den Kometen schon vor Ihnen gesehen!«

Er hängte sich zwar nicht auf, schlich aber beschämt und, wie es schien, von unseren Spötteleien unangenehm berührt, von dannen. Bald aber hörten wir ihn mit etwas ärgerlicher Stimme rufen:

»Junge, ein Glas Branntwein ... aber ordentlich voll!«

Dieses »ordentlich voll« bezeichnet einen weiteren Fortschritt in den Sprachstudien des alten Seebären, und daneben das wirkliche Bedürfnis einer Tröstung, welche auch nicht verfehlte, unserem wackeren Lotsen die alte gute Laune wiederzugeben.

Elftes Kapitel

Am folgenden Morgen, 19. Juni früh sieben Uhr, erreichte der »Saint Michel« den Eingang des Sundes: Es herrschte vollkommene Windstille. Kein Lufthauch wehte und spiegelglatt lag die Oberfläche des Meeres. Lustig flatterten Hunderte von zarten Möwen umher und strichen über das glänzende Wasser. Zahlreiche Segelschiffe lagen verankert und erwarteten das Aufspringen des Windes. Mehrere Dampfer, deren lange dunklen Rauchstreifen sich über den Horizont hinzogen, verrieten schon die Nähe eines großen Handelshafens.

Gegen zehn Uhr beginnt Kopenhagen aus einem feinen Nebelschleier aufzutauchen, und grüßend steigen die Türme der Stadt, die umgebenden Wälder und endlich die Masten der im Hafen liegenden Schiffe empor. Der »Saint Michel« befand sich noch in einer Entfernung von zehn bis zwölf Seemeilen.

Hier hat der Sund nur eine Tiefe von drei bis vier Faden. Ganz große Fahrzeuge und Kriegsschiffe, welche aus der Nord- in die Ostsee segeln, können denselben nicht passieren; sie müssen die Insel Seeland umschiffen und den Weg durch den großen oder kleinen Belt nehmen.

Das Wasser des Meeres ist hier so klar und durchsichtig, daß man bequem den Grund sehen kann. Auf demselben bilden ganze Felder von grünen Algen einen dichten Teppich, von dem sich das hellere Grün der jüngsten Sprossen angenehm abhebt. Es ist wahrhaft entzückend, über die Reling gebeugt, den wechselnden Lichtreflexen dieser unterseeischen Vegetation zu folgen, welche je nach der Wassertiefe dunkler oder heller erscheint. Manchmal schnellt, erschreckt durch die Annäherung unserer Jacht, ein Fisch aus seinem Versteck auf und verrät sich durch einen zitternden Silberschimmer in der dunklen Tiefe, nach der er entflieht. Dann und wann schätzt man die Wassertiefe unter dem Kiel für so gering, daß man jeden Augenblick aufzulaufen fürchtet, doch beruht das nur auf einer, durch die merkwürdige Durchsichtigkeit des Wassers verursachten Augentäuschung.

Inzwischen nähert sich die Jacht in rascher Fahrt dem Hafen; bald gleitet sie an befestigten Holmen vorüber, welche die Reede beherrschen, und läßt das Seefort Tre Kroner (drei Kronen) links liegen. Gegen Mittag erreicht der »Saint Michel«, nachdem er das auf der Reede verankerte dänische Admiralschiff durch Hissen der Flagge begrüßt, den Handelshafen, gegenüber dem Kriegshafen,inmitten zahlreicher Passagierdampfer, welche einen regen Verkehr zwischen den Küstenorten Dänemarks und Schwedens unterhalten.

Zwölftes Kapitel

Acht Tage lang blieb der »Saint Michel« an dieser Stelle und empfing unerwartet viel Besucher. Es mochte wohl zum ersten Male sein, daß man die Flagge einer französischen Jacht in diesem Wasserarme der Ostsee, der die Stadt in zwei ungleiche Hälften trennt, flattern sah. Unter anderem stellten sich mehrere Journalisten an Bord ein und machten uns über das Land und die Volkssitten, wie über die fast unbegrenzte, verfassungsmäßige Freiheit, welche hier herrscht, sehr interessante Mitteilungen. Wie schnell vergingen uns aber auch die nicht am Lande zugebrachten Stunden bei dem überaus lebhaften Verkehre dieses großen nordischen Hafens! Dampfschiffe für Passagierbeförderung nach allen Punkten der dänischen, schwedischen und norwegischen Küsten, Handelsfahrzeuge, welche unter vollen Segeln einlaufen oder sich von winzigen, aber starken Schleppern bugsieren lassen, Postschiffe, welche man zu jeder Stunde des Tages und der Nacht läuten hört – alles vereinigt sich hier zu einer köstlichen Augenweide für den, der einiges Interesse an dem Leben auf dem Meere, das die getrennten Völker so innig verbindet, bewahrt hat.

Ich sehe, wie in Rotterdam, Amsterdam und Den Haag, hier davon ab, die Museen von Kopenhagen zu schildern; das haben schon andere getan, welche dazu mehr Fähigkeiten mitbrachten. Es erforderte eine gelehrtere Feder als die meinige, um dem Leser die in dem ethnographischen Museum enthaltenen Merkwürdigkeiten – eine einzig in der Welt dastehende Sammlung von chinesischen, japanischen, indianischen und grönländischen Kuriositäten – zu schildern; ebenso wie die Schätze des »nordischen Museums«, die historische Sammlung des Rosenborgschlosses, welche bezüglich der Geschichte der Schmucksachen, Waffen, Möbeln usw. da beginnen, wo die in dem ersteren aufhören, ferner die Meisterwerke des Thorwaldsen-Museums – ein umfängliches Grabdenkmal im etruskischen Stil, welches die gesamten Arbeiten des berühmten dänischen Bildhauers, dessen Namen es trägt, vereinigt.

In meinem kurzen Berichte trachtete ich nur danach, mich über weniger bekannte Punkte, vorzüglich über Wilhelmshaven, den Eiderkanal und den Kieler Busen ausführlich zu verbreiten.

Ich füge hier also nur hinzu, daß wir bei unserem Besuche der nordischen Altertümer und des Rosenborg-Schlosses uns der unschätzbaren Begleitung des dänischen Unterrichtsministers, des Kanzlers Worsoë, zu erfreuen hatten, der als eigentlicher Organisator dieser wunderbaren Sammlungen zu betrachten ist. Dieser liebenswürdige Gelehrte hatte sich uns zur Verfügung gestellt, um uns die künstlerischen Schätze zu erklären, welche er mit dem Eifer eines für seine Wissenschaft ausschließlich lebenden Mannes gesammelt und geordnet hat. Unser Besuch in den Sälen, welche alle die Physiognomie ihres Zeitalters von der Renaissance bis zur Restauration tragen, erhielt durch seine faßlichen und gründlichen Erklärungen denn auch ein ganz außergewöhnliches Interesse.

Kopenhagen, einst ein ganz einfacher Fischerhafen, den eine Veste gegen die Seeräuber des baltischen Meeres schützte, ist seit dem fünfzehnten Jahrhundert zur Hauptstadt der dänischen Monarchie geworden. Die Stadt zählt jetzt gegen zweihundertdreißigtausend Einwohner. Seit ihre Befestigungen geschleift worden sind, hat sie sich so schnell vergrößert, daß es den Anschein gewinnt, als sollte sie die ganze Bevölkerung Dänemarks aufsaugen.

Es ist heutzutage eine moderne Stadt, in der man keine Spuren von den großen Bränden 1728 und 1736 oder von der Beschießung im Jahre 1808 mehr findet. Die neuen Stadtviertel mit ihren breiten Boulevards und den üppig grünen Parkanlagen mit reichlicher Bewässerung sehen wahrhaft stattlich aus. Das bekannte Tivoli, errichtet an der Stelle früherer Festungswerke, ist ein Etablissement, das auf der Erde nicht seinesgleichen hat. Es bildet den Sammelpunkt für Tausende, welche einen vergnügten Abend zu verbringen wünschen, und sein artistischer Direktor, B. Olsen, hat den Erfolg, der seine Bemühungen krönt, wohl verdient.

Wer eine größere Festlichkeit, ein sogenanntes Storfest, im Tivoli mit angesehen hat, wird einen solchen Abend niemals vergessen. Der ganze große Garten ist dann von verschiedenfarbigen Lichteffekten überflutet, Boote mit venetianischen Laternen schaukeln auf einem launisch gewundenen Gewässer; jedes Cafe, jedes Theater trägt zu dem bezaubernden Anblick des Ganzen bei; es ist wie ein Märchen aus Tausendundeiner Nacht, aus dem farbigen Orient nach dem nüchternen Norden versetzt, und ein nach den Plänen des französischen Architekten Le Nôtre hergestelltes Labyrinth hält den Besucher gegen seinen Willen gefangen, wenn diesem der leitende Ariadnefaden fehlt.

Zwei ausgezeichnete Orchester lassen abwechselnd ihre ernsten und heiteren Weisen erschallen. Theater mit Ballett, Akrobaten mit mehr oder weniger hervorragenden Leistungen, alles bietet verschiedenartige und jedem Geschmacke angepaßte Vergnügungen.

Wer eine pfeilschnelle Fahrt liebt, dem bietet eine Rutschbahn mit drei abgerundeten Absätzen – und welche Absätze, vorzüglich der letzte! – für zehn Öre (11 ½ Pfg.)

eine halbe Minute Todesangst. Bei dem ersten Versuche, den man unternimmt, ist der kleine Wagen kaum weggerollt, wo man schon seine Voreiligkeit bedauert. Bei dem ersten noch zu überwindenden Absatze möchte man noch herausspringen; bei dem zweiten denkt man an seine Familie, beim dritten aber ist die Gewalt der Fahrt so eine rapide, daß man jederzeit glaubt, der Waggon müsse aus dem Geleise springen, und daß man gern sofort noch sein Testament machte, wenn nicht gleich darauf ein kurzer Stoß der gefährlichen Lage ein Ende machte, der die Wageninsassen in die Arme eines kräftigen Mannes wirft. Man ist damit am Ziele.

Der Leser glaubt vielleicht, daß man an einer solchen halsbrecherischen Fahrt genug habe. Fehlgeschossen. Man beginnt sie mit Vergnügen von neuem.

Dreizehntes Kapitel

Besonders bemerkenswerte Gebäude besitzt Kopenhagen nicht. Die von Christain IX. in Backstein ausgeführte Börse zeigt ein eigentümliches Gepräge und wird von einem aus vier verschlungenen, phantastischen Ungeheuern gebildeten Turm überragt. Ferner wären zu erwähnen das Schloß Christiansborg, der Sitz des Reichstages; der Palast Amalienborg, im Geschmacke des 18. Jahrhunderts, worin die königliche Familie wohnt; das Nationaltheater an Kongens Nytorv, ein in jeder Hinsicht vortrefflicher Bau, und das Rosenborgschloß, erbaut 1607 in dem Parkgarten gleichen Namens.

Neben der Kirche Unserer lieben Frau, deren Schiff mit dreizehn Marmorbildwerken Thorwaldsens, Christus und die zwölf Apostel, und der Altarplatz mit dem berühmten »Engel der Taufe« geschmückt ist, nenne ich besonders die Frelser- (Erlöser-) Kirche auf der Insel Amager, an der anderen Seite des Hafens. Das Gebäude selbst hat keinerlei architektonischen Wert; es wird jedoch von einem hohen Glockenturme überragt, zu dessen Spitze man auf einer, in Schneckenwindungen außen um den Turm führenden Treppe gelangen kann. Es gehört indes eine gute Portion kaltes Blut dazu, diese Ersteigung ungestraft auszuführen. Mein Bruder schilderte in seiner »Reise nach dem Mittelpunkt der Erde« eine solche Lektion gegen das Schwindligwerden, welche Professor Lidenbrock seinem Neffen Axel auf dieser luftigen Treppe erteilt.

Als wir, mein Sohn und ich, da hinaufstiegen, war schönes klares Wetter. Weithin erstreckte sich die herrliche Aussicht über den Sund, in dessen ganzer Länge von Norden nach Süden; leider wehte eine ziemlich scharfe Brise aus Osten, welche jede genauere Beobachtung erschwerte. Kaum genügten unsere beiden Hände, um uns an dem eisernen Geländer gegen die Gewalt des Windes aufrecht zu erhalten; an Benutzung der Fernröhre war unter solchen Umständen natürlich gar nicht zu denken. So vermochten wir auch nicht die Flagge eines schnell einherdampfenden Schiffes mit zwei gelblichen Schornsteinen zu erkennen, das auf der Reede von Kopenhagen ankam, und die dänische Flagge auf der Zitadelle Frederikshavn mit einundzwanzig Kanonenschüssen begrüßte.

Nach Norden zu erblickt man am Ende des Sundes die kleine Stadt Helsingör. Zwischen diesem und Kopenhagen liegt ein ungeheuerer Wald mit riesigen Bäumen und mit zahlreichen Landsitzen durchsät. Längs dieses Waldes, dessen vorderer Teil Tiergarten genannt wird und der gewissermaßen eine Vorstadt Kopenhagens bildet, führt eine herrliche Promenade, die lange Linie und der große Strandweg, nahe dem Ufer des Meeres hin, wo reiche dänische Familien ihre Sommersitze aufgeschlagen haben. Man gelangt dahin durch viele Dampfer, welche alle Küstenpunkte berühren und an langen Piers anlegen, die vom Ufer weit hinaus ins Wasser gebaut sind. Eine Fahrt an der Küste Seelands hin bis Helsingör, gewährt einen so herrlichen Ausflug; wie man ihn kaum irgendwo wiederfinden dürfte. Wir hatten beschlossen, denselben am folgenden Tage auszuführen und Helsingör nebst dem Schlosse Kronborg zu besuchen.

Dieses Schloß verteidigte ehemals den Eingang zum Sunde, und hierher hatte Shakespeare die große Szene in seinem Hamlet verlegt.

Trotz der wahrhaft entzückenden Aussicht vom Turme der Frelserkirche mußten wir des scharfen Windes wegen doch an die Rückkehr denken. Manchmal schien wirklich der ganze Turm unter den heulenden Stößen zu erzittern.

Mein Sohn begann allmählich ernstlich darunter zu leiden, denn man wird leicht glauben, daß diese Empfindung eines unsicheren Standpunktes in einer Höhe von fast hundert Metern über der Erde peinlich genug ist. Er wird zusehends gelb und grün, als hätte ihn die Seekrankheit befallen, sein Blick wird unsicher … es war höchste Zeit, hinabzusteigen.

Wir begannen also die Niederfahrt. So sehr ich es gewöhnt bin, auf schwindligen Bergpfaden herabzuklettern, muß ich doch gestehen, daß diese korkzieherförmige Treppe auch mir eine peinliche Empfindung erregte. Ohne gerade so grün zu werden wie mein Sohn, erbleichte ich doch ebenfalls, und es hätte vielleicht nicht mehr lange Zeit bedurft, um mich in denselben hilflosen Zustand zu versetzen wie ihn.

Schon waren wir ein Dutzend Meter hinabgestiegen, als uns plötzlich ein unerwartetes Hindernis entgegenstand.

Eine starke Dame von etwa fünfzig Jahren, mit gewaltigem rosafarbenen Hute auf dem Kopfe und umspannt von einem engen apfelgrünen Kleide, sperrte den schon für eine Person etwas schmalen Weg.

Der würdigen Dame folgten nicht mehr als elf leibliche Kinder. Ja, ich wiederhole es, elf ihrer Kinder, denn wer kann wissen, ob sie deren nicht noch mehr besitzt.

Die von ihr angeführte Karawane schloß fünf bis sechs Meter weiter unten ein sehr dicker Herr, ohne Zweifel der Gatte und Vater seiner Vorgänger, der sich schwitzend und keuchend den steilen Weg hinaufarbeitete.

Was war zu tun? Der Fall schien kritisch. Wieder zurückzukehren war ich kaum imstande. Es blieb uns nichts übrig, als vorwärtszudringen, aber dann mußten wir die ganze Menschenschlange wieder hinabdrängen, denn hier konnte niemand an einem anderen vorüberkommen.

Die Sache wurde unangenehm. Die Mutter schleuderte mir wütende Blicke zu und schien sich schon zu einem Kampfe vorzubereiten. Ihr Mann, der zu weit zurück war, um die Ursache der Störung erkennen zu können, wetterte aus den unteren Regionen herauf und mochte nicht bei bester Laune sein.

Das beste war also, mit den Neuangekommenen zu verhandeln und sie zum Umkehren zu bestimmen.

»Wir können nicht zurück, Madame, es ist absolut unmöglich.«

»Aber, mein Herr«, antwortete sie in fremdländisch betontem Französisch, »wir sind unzweifelhaft berechtigt ...«

»Ganz sicher ... Doch, Sie wissen, es gibt Fälle, wo Gewalt vor Recht geht; oder vielmehr wo die Not kein Gebot kennt, und wir – wir sind gezwungen, bald hinunter zu gelangen!«

Bei diesen Worten wies ich auf das leichenähnliche Gesicht meines Sohnes.

Das wirkte; die Karawane wich ohne Widerrede Hals und Kopf zurück. Binnen zwanzig Sekunden war der Weg frei, der Feind verschwunden, und wir stiegen ruhig die zwanzig Meter hinunter, die uns noch von der inneren Treppe der Frelserkirche trennten.

Vierzehntes Kapitel

Am folgenden Morgen schifften wir uns auf einem der Schraubendampfer ein, welche von dem ausgedehnten Holzkai in Kopenhagen nach Helsingör abgehen. Diese schnellen, ausschließlich zum Küstendienste bestimmten Schiffe bieten den Passagieren alle erdenkliche Bequemlichkeit. Ihre Salons sind geräumig, gefällig dekoriert, und das, das ganze Hinterteil einnehmende Spardeck ermöglicht den Reisenden eine leichte Umschau nach allen Seiten, und vorzüglich nach der wahrhaft reizenden dänischen Küste zwischen Kopenhagen und dem nördlichen Ende der Meerenge.

Helsingör ist eine kleine Stadt von neuntausend Einwohnern, in der sich die meisten, den Sund passierenden

Segler verproviantieren. Es hat einen räumlich beschränkten, aber tiefen und hübsch gelegenen Hafen, dem der von Helsingborg, an der anderen, schwedischen Seite des Sundes, gegenüberliegt.

Nachdem wir um neuneinhalb Uhr hier angelangt, begaben wir uns nach dem Hotel Oeresund, das dem Reisenden alles bietet, was das Herz und – der Magen begehrt. Nach dem eingenommenen Frühstück brach unsere kleine Gesellschaft sofort nach dem Schlosse Kronborg, dem interessanten Ziel dieses Ausflugs, auf. Die Schloßkapelle hier ist der Beachtung wirklich wert und verdient einen nicht zu eiligen Besuch. Von dem Innern des gewaltigen Bauwerks ist an sich nicht viel zu sagen. Eine Zimmerflucht enthält eine nicht besonders wertvolle Gemäldesammlung. Die Aussicht von den Fenstern aber, und vorzüglich von der Plattform eines viereckigen Turmes an einer Ecke des Schlosses aus, ist in der Tat überraschend schön.

Überall ist der hier nur vier Kilometer breite Sund von Fahrzeugen jeder Größe; von Galioten, Goëletten, Dreimastern, Briggs und Dampfern, welche auf- und abwärts fahren, belebt. Ich schätze die Anzahl verschiedener Fahrzeuge, welche wir auf dem friedlichen Wasser auf einmal erblickten, auf wenigstens fünfhundert englische, schwedische, dänische, norwegische und deutsche Schiffe.

Weder der Busen von Neapel oder der Eingang zum Bosporus, noch die Meerenge von Messina, von Taormine aus gesehen, übertreffen an Schönheit diese Einfahrtsstelle in den Oeresund. Im Norden dehnt sich das Kattegat mit seinen blauen Fluten und dem pittoresken Ausleger der schwedischen Küste, den Kullabergen, über Sehweite hin aus. Nach den anderen Richtungen hin ergötzt sich das Auge an der sattgrünen Landschaft der Umgebungen. Man kann sich schwerlich einen harmonischeren Gesamteindruck denken, und nur mit schmerzlichem Bedauern wendet man einem so herrlichen Bilde den Rücken.

Um den Abgang des Schiffes nach Kopenhagen nicht zu versäumen, mußten wir uns jedoch beeilen. Da erschien am Horizont des Kattegat eine dunkle Rauchwolke, unter welcher man bald zwei große dunkle Massen unterscheiden konnte.

»Seht da«, rief ich, »sieht das nicht aus wie ein Geschwader, das unter vollem Dampf in den Sund einfährt?«

»Das ist ohne Zweifel ein Teil der englischen Flotte«, erwiderte Robert Godefroy. »Ich las in den Zeitungen, daß ein solches Geschwader unter dem Kommando des Herzogs von Edinburgh Portsmouth verlassen habe, um nach Kopenhagen zu segeln.«

»Dann wird das schnelle Schiff«, meinte mein Bruder, »das gestern salutierte, während ihr auf der Frelserkirche wart, wahrscheinlich ein Bote desselben gewesen sein, der die Ankunft des Geschwaders in Kopenhagen anmeldete.«

»Was meinst du, laß uns den Abgang des ersten Dampfers versäumen«, sagte ich zu meinem Bruder, »um dafür der Einfahrt der englischen Schiffe in den Sund beizuwohnen.«

Etwa eine Stunde später defilierte die aus acht Panzern bestehende Flottenabteilung vor Helsingör, jedes Schiff in vorschriftsmäßigem Abstande und der Admiral an der Spitze.

Dieses Schauspiel wog gewiß eine Stunde Verzögerung auf.

Um vier Uhr gingen wir wieder an Bord eines Dampfers, der gegen sechs Uhr in Kopenhagen eintrifft, und passierten da in kurzer Entfernung die englischen Schiffe, welche ihres großen Tiefganges wegen der Zitadelle gegenüber vor Anker gegangen waren.

Fünfzehntes Kapitel

An Bord des »Saint Michel« zurückgekehrt, war der erste Mensch, der sich zeigte, der »Gentleman«, der uns voller Ungeduld zu erwarten schien.

Da es sehr warm war, hatte Thomas Pearkop den Rock abgelegt und bot so in Hemdsärmeln ein uns noch neues Bild. Seine weite Hose aus grobem blauen Tuch, die ihm bis unter die Achseln reichte, erinnerte durch ihre Länge an diejenigen, welche vorsorgliche Eltern ihren in starkem Wachstum befindlichen Kindern machen lassen. Sehr kurze rötliche, mit weißen Blumen bestickte Hosenträger hielten das gewaltige Bauwerk, in welchem der »Gentleman« offenbar ohne große Mühe ganz und gar verschwinden können mußte. Ungeheure Taschen, wirkliche Höhlen, öffneten sich an den Seiten, und die Anschwellung derselben verriet, welche Unmasse verschiedener Gegenstände in ihrer dunklen Tiefe schlummern mochte.

Thomas Pearkop wußte nicht, daß wir von Helsingör zurückkamen. Auf seinem breiten, gutmütigen Gesicht glänzte jetzt offenbar ein Gefühl von Stolz. So sagte er zu uns auch mit einer gewissen Feierlichkeit im Tone: »Gentlemen, the british squadron! You did not see the british squadron?«

»Freilich«, antwortete ich, »haben wir das britische Geschwader gesehen. Sie kommen wieder zu spät, wie mit dem Kometen, mein wack'rer Lotse. Aber trösten Sie sich, diesmal ist's Ihr Fehler nicht! Sie konnten das Geschwader nicht wohl eher sehen als wir, da wir uns in Helsingör befanden, als dasselbe in den Sund einlief und … «

»Ah, das muß herrlich gewesen sein!« unterbrach mich Thomas Pearkop, mit einem solchen Ausdruck von Neid und lebhaftem Bedauern, diesem Schauspiele nicht haben beiwohnen zu können, daß ich gegenüber dieser wirklichen Explosion von Patriotismus die Lust zu scherzen gänzlich verlor.

Die Engländer haben wohl ihre Grillen – welches Volk hätte solche nicht? – aber nach einer Seite muß man ihnen Gerechtigkeit widerfahren lassen. Wenn man mit ihnen über ihre Flotte, ihre Armee, über die Freiwilligen oder über die Regierung des Landes spricht, so wird man sie, selbst in ihren beliebten Übertreibungen, niemals lächerlich finden. Bringt man sie auf dergleichen Themata, so wallt in ihnen leicht, vielleicht etwas zu leicht, ein patriotisches Fieber auf; doch wer möchte sie darum tadeln?

Ihre Minister mögen sich täuschen, Fehler über Fehler begehen, vor einem Fremden wird der Engländer niemals ein verächtliches Wort über sie aussprechen. Man verfolge ihre Presse, ihre großen Tagesblätter, selbst diejenigen, welche der Regierung feindlich gegenüberstehen, niemals wird man darin grobe Artikel, injuriöse Tatsachen, gemeine oder nur herabwürdigende Epitheta* finden. Immer bleibt der Ton ein höflicher, und wenn das nicht mehr der Fall ist, verliert das betreffende Blatt einfach seine Abonnenten. Der lange, ungestörte Genuß weitreichender Freiheiten hat das englische Volk gewöhnt, diese niemals zu mißbrauchen.

* Epitheton = Beiname, Mehrzahl: Epitheta.

Sechzehntes Kapitel

Schon am Tage nach unserer Ankunft in Kopenhagen hatten wir dem französischen Ministerresidenten und dem Kanzler der Gesandtschaft einen Besuch abgestattet. Beide empfingen uns ungemein freundlich und versprachen, auf unsere Einladung, auch einmal an Bord des »Saint Michel« zu kommen.

Da wir voraussetzten, es werde den Herren angenehm sein, eine kleine Spazierfahrt zu unternehmen, sorgten wir am verabredeten Tage dafür, daß unser Schiff Dampf hatte, als sie an Bord stiegen.

Nach einer kurzen Besichtigung der Jacht selbst, welche nach allen Seiten ihren Beifall fand, schlug mein Bruder vor, auf die Reede hinauszudampfen, was mit Vergnügen angenommen wurde.

Unverzüglich wurden die Taue gelöst, und eine Viertelstunde später lag der »Saint Michel« wenige Kabellängen neben dem englischen Handelsschiffe »Herkules«.

Alle Schiffe des Geschwaders hatten mit Ausnahme eines einzigen – der Grund hierzu ist mir unbekannt geblieben – festlich geflaggt. Der »Herkules« führte am Großmasttopp die königliche Standarte Englands, welche nur in außerordentlichen Fällen gehißt wird.

Um die verwandtschaftliche Verbindung mit Dänemark anzudeuten, flatterte daneben der Daneborg lustig in der Luft.

Der König von Dänemark war in dieser Stunde bei dem Herzog von Edinburgh zu Gaste. Christian IX. erwiderte dem Sohne der britischen Königin den Besuch, den dieser am Tage vorher dem Schlosse Amalienborg abgestattet hatte.

Für den Fall, daß diese Visite nicht zu lange währte, wollten wir die Wiederabfahrt des Königs, dessen Schaluppe einige Kabellängen vom »Herkules« lag, und den Königssalut abwarten, den das englische Geschwader zu diesem Moment abgeben mußte.

Es macht dieses Salutschießen einen großartigen Eindruck, wenn es von zahlreichen, mit grobem Geschütz armierten Fahrzeugen geschieht. Jedes Schiff feuert, gleichzeitig mit dem Admiralschiffe, eine Salve von einundzwanzig Schuß ab, während die Besatzung des Schiffes auf den Raaen steht und mit kräftigen Stimmen ein neunfaches: »Hip! Hip! Hip! Hurra!« ruft.

Dieses interessante Schauspiel ist übrigens ziemlich selten, und wir hatten von Glück zu sagen, ihm gerade beiwohnen zu können.

Bald setzt sich die Jacht des Königs in Bewegung und nimmt eine halbe Kabellänge vom »Herkules« Aufstellung, dem sich auch der »Saint Michel« immer dicht hinter der Geschwaderlinie, bei der Panzerfregatte »Warrior« genähert hat.

Einige Minuten verstrichen. Da erscheint Christian IX., begleitet von dem Erbprinzen und noch mehreren Mitgliedern der königlichen Familie an der geöffneten Schanzkleidung des »Herkules«.

Der König steigt, nach einem mit dem Herzoge von Edinburgh gewechselten Händedrucke, nach seinem Boote hinab, und begibt sich, in Begleitung vieler, das Gefolge tragenden Boote nach seiner Jacht.

In diesem Augenblicke bricht zum ersten Male die Wolkendecke des Himmels. Ein Sonnenstrahl schießt herab und funkelt an den glänzenden Uniformen der dänischen Offiziere der Eskorte. Das Purpurzelt auf dem Hinterteile des königlichen Bootes erscheint von goldigen Reflexen geschmückt, und um die Personen, welche es enthält, schlingt sich ein blendender Lichtkranz.

Als merkwürdigen Gegensatz zeigen die massiven dunklen englischen Schiffskolosse an jeder Schießluke ihre mächtigen Geschütze, ihre schrecklichen Verheerungswerkzeuge; wie um diesen beklemmenden Eindruck vergessen zu machen, flattern Flaggen und Wimpel in allen Farben bunt durcheinander bis zur Spitze der hohen Maste und prägen dem großartigen Bilde den Stempel einer friedlichen Festlichkeit auf.

Doch Achtung! Auf den Ton einer Pfeife haben sich die englischen Matrosen schnell auf den Raaen verteilt. Jetzt erklingt ein Hornsignal. Das »Hip! Hip! Hip! Hurra!« ertönt weit schallend aus den soliden Brustkästen John Bulls. Noch ein zweites Signal ... und das Salutschießen beginnt.

In einem Augenblicke liegt der »Saint Michel« in dichtem Pulverdampfe verhüllt. Nach der vorher herrschenden Ruhe ist jetzt die Hölle losgebrochen. Trotz dem Krachen der Geschütze hört man das scharfe »Hip! Hip! Hip!« der Matrosen, das sich wie ein durchdringender Diskant neben der tiefen Baßstimme der Kanonen bemerkbar macht. Unsere Jacht lag so nahe am »Warrior«, daß sie bei jedem Schusse desselben bis zum Kiele hinab erzitterte, während die durch die Explosionen rasch verdrängte Luft uns, wie von einem Orkan gejagt, ins Gesicht schlug.

Die ganze Sache hat einen eigentümlichen Reiz. Zuerst fühlt man sich bei dem entsetzlichen Krachen etwas beklommen; bald gewöhnt man sich jedoch daran, und zuletzt wünschte man es lieber noch etwas stärker.

In diesem Monster-Konzert ist freilich nicht die Spur von Musik zu entdecken. Jetzt klingt zuweilen – eine Folge der verschiedenen Rohrweiten – etwas wie eine erweiterte Terz hindurch. Wenn Richard Wagner einmal alle Hilfsmittel der Orchestration erschöpft und so große Kupferinstrumente angegeben haben wird, daß man ein Dutzend Bläser auf einmal braucht, um denselben einen Ton zu entlocken, so erkennt er vielleicht in den Dreißig-, Fünfzig- oder gar Hundert-Tonnenkanonen noch recht schätzenswerte Hilfstruppen. Diese modernen Instrumente würden ihm von desto größerem Nutzen sein, als seine vollkommen taub gemachten Zuhörer im blinden Vertrauen seine oft genug gewagten Harmonien beklatschen würden.

Aber Thomas Pearkop hätte man während dieser ganzen Zeremonie beobachten müssen. Er strahlte; die Augen traten ihm aus dem Kopfe und unartikulierte Töne drangen aus der breiten Brust; ja, es fehlte nicht viel, so hätte er das »Hip! Hip! Hip!« aus Leibeskräften mitgerufen.

Der wackere Mann war so glückselig, daß er vielleicht – ich betone freilich dieses Wort – bevor wir aus dem Hafen liefen, auf jeden ihm unvorteilhaften Vorschlag eingegangen wäre, wenn wir ihm etwa folgendermaßen zugesetzt hätten:

»Pearkop! Das englische Geschwader, Euer Geschwader, auf das Ihr so stolz seid, wird Seine Majestät den König von Dänemark mit dem großen Salut begrüßen. Wir wollen diesem großartigen Schauspiele beiwohnen; da kommt uns aber eben Eure Lotsenrechnung in die Hände – dreißig Pfund ist wirklich etwas gepfeffert – und wir werden Euch nicht auf die Reede hinaus mitnehmen, wenn Ihr nicht auf der Stelle zustimmt, genannte Forderung auf zwanzig Pfund herabzusetzen, und das ist immer noch anständig genug bezahlt. Weigert Ihr Euch, so werdet Ihr während unseres Ausfluges ans Land gehen und der Festlichkeit nicht beiwohnen. Nun, entscheidet Euch!«

Darauf würde er, in Anbetracht seiner Vaterlandsliebe und des gerechten Stolzes, der ihn beim Anblick seines Geschwaders erfüllte, sowie der Bewunderung, die er für seine mächtigen Panzer empfand, gezaudert, gefeilscht haben, aber endlich doch wohl fähig gewesen sein ... nein, das sicherlich nicht; zehn Pfund Sterling zu opfern? – Nimmermehr.

Bei dieser Gelegenheit gestatte man mir auszusprechen, daß viele Dänen, hier und in den ehemaligen Herzogtümern, das fast vollständige Fehlen der französischen Flagge in der Ostsee lebhaft beklagen.

England sorgte dafür, sich überall immer wieder in Erinnerung zu bringen. Außer seinen zahlreichen Handelsschiffen, welche die Nord- und die Ostsee durchkreuzen, hat es dieses Jahr (1881) ein Panzergeschwader nach Kopenhagen, Petersburg und Kiel entsendet. Es würde Frankreich ein leichtes sein, dasselbe, ja vielleicht noch mehr zu leisten, und des wärmsten Empfanges könnte es ohne Zweifel sicher sein.

Die englische Flotte, welche auf der Reede von Kopenhagen erschien, bestand in der Tat nur aus alten Schiffen – ohne großen Wert. Man bemerkte hier den »Warrior«, das erste von England, etwa gleichzeitig mit dem französischen »Gloire« erbaute Panzerfahrzeug. Das einzige modernere Schiff war das Admiralsschiff »Herkules«, doch steht auch dessen Armierung hinter der der neueren Schlachtschiffe Frankreichs weit genug zurück.

Wollten wir England ausstechen, so genügte die Entsendung einer Flottendivision, unter der sich die »Dévastation« mit ihren Fünfzig-Tonsgeschützen, der »Admiral Duperré«, der »Redoutable« und als Kreuzer der »Dusquene« oder der »Tourville« befänden, welch letztere eine Geschwindigkeit von achtzehn bis neunzehn Knoten erreichen.

Freilich könnten uns die Engländer ihr Schiff, den »Inflexible« mit seinen Achtzig-Tonsgeschützen gegenüberstellen. Dieses Fahrzeug aber ist nach den, im englischen Unterhause öffentlich ausgesprochenen Urteilen keineswegs frei von Fehlern. Es ist nur in der Mitte gepanzert, und man fragt sich mit Recht, was die Folge sein würde, wenn sich seine, von mächtigen Geschossen durchlöcherten Endstücken mit Wasser anfüllten.

Siebzehntes Kapitel

Unsere schon festgesetzte Abreise von Kopenhagen wurde durch eine Einladung zur Tafel bei dem französischen Ministerresidenten um zwei Tage verzögert. Wir gewannen dadurch Zeit, den herrlichen Park von Frederiksborg, jetzt eine Vorstadt der vergrößerten Residenz, zu besuchen.

Am folgenden Morgen, sonntags den 26. Juni, schlug der »Saint Michel« nach Ausschiffung unseres Freundes Robert Godefroy, der diese Reise über Malmö, Stockholm und Christiania ausdehnte, von dort aber nach Finnmarken bis Hammerfest und zum Nordkap gehen wollte, wieder den Kurs nach Süden ein und ging, nachdem wir nochmals die Eider passiert, vier Tage später auf der Reede bei den Dünen vor Deal vor Anker.

Wir waren somit wieder in Thomas Pearkops Heimat. Hier sollte er im besten Wohlsein, gut gemästet und bereichert um ein weiteres, anerkennendes Zeugnis für die Kenntnisse und Fähigkeiten des *Pilot for the North sea* seiner Familie wiedergegeben werden.

Selbstverständlich nahm Thomas Pearkop auch seinen berühmten Sack mit nach Hause.

Aber dieser unvergleichbare Teertuchsack, der schon eine ganze Welt enthielt und kaum noch eine Stecknadel aufzunehmen fähig schien, dieser Wundersack war doch noch größer und schwerer geworden, als Thomas Pearkop den »Saint Michel« verließ. Er umfaßte jetzt noch weiter vier Flaschen feinen Wein, zwei Flaschen Likör und noch verschiedene Viktualien, welche wir dem Lotsen aus Mitleid für die schon seit zwei Jahren fast hoffnungslos darniederliegende Mistreß Pearkop mitgegeben hatten.

Mich verwunderte es freilich ein wenig, daß Mistreß Pearkop solche Stärkungsmittel nötig haben sollte. Mögen ihr die, welche ihr Mustergatte mit heimbrachte, recht gute Dienste leisten! Ich stehe aber gar nicht dafür ein, daß diese den rechten Weg verfehlt und unnötigerweise den »Gentleman« gestärkt haben mögen, zum großen Nachteile seiner schöneren Hälfte, wenn diese etwa auf Wiedererlangung ihrer Gesundheit durch dieselben rechnete.

Wir hatten nun noch die Lotsenrechnung für einmonatlichen Dienst in der Nordsee abzumachen, was ohne Schwierigkeiten vor sich ging.

Das Honorar belief sich auf eine ziemlich beträchtliche Summe, an der nicht gemäkelt wurde. Thomas Pearkop, der zuerst für ein halbes Pfund Sterling auf eine halbe Stunde an Bord des »Saint Michel« kam, war hier siebenundzwanzig Tage lang für den Preis von dreißig Pfund geblieben.

Diese Summe wurde also auf den Tisch des Speisesaales in schönen, blanken Louisdors aufgezählt – das englische Pfund zu 25 Frcs. 25 Cent. gerechnet – und durch etwas englische Scheidemünze bis auf den Pfennig voll gemacht.

Thomas Pearkops Augen leuchteten heller auf; dann verschwand alles, unter Dankesbezeugungen des Empfängers, in der ungeheuren Hosentasche.

Gleichzeitig war das kleine Boot klar gemacht worden. Der »Gentleman« stieg hinab und begab sich nach dem Hafendamm von Deal, von dem unsere Jacht nur eine Kabellänge entfernt lag.

Da trat der Schiffsjunge auf meinen Bruder zu.

»Herr Verne«, begann er höchst erregten Tones.

»Um Gottes willen, was ist geschehen?«

»Herr Verne, er hat in seinem Sack ein Stück Seife vom Schiffe mitgenommen.«

»Aber, Junge«, erwiderte mein Bruder scherzend, »das ist doch nicht hübsch und verwundert mich von einer so grundehrlichen Haut wie unserm wackeren Thomas Pearkop!«

»Halt, nicht so schnell verurteilt«, rief ich, »auch von diesem Vorwurfe wird er sich reinigen! Da kehrt das Boot zurück mit Thomas Pearkop darin, der uns das Stückchen Seife wieder überliefern wird. «

Das Boot legte am Bord an und der »Gentleman« machte uns ein Zeichen mit der Hand.

Thomas Pearkop stand hinten in dem Boote und wollte schon auf mich sprechen, als ich ihm zuvorkam.

»Aber, guter Freund«, sagte ich, »das war doch unnötig, wegen solcher Kleinigkeit umzukehren.«

»Kleinigkeit?« erwiderte Thomas Pearkop im einschmeichelndsten Englisch, »aber mein Herr, Sie haben ja das Pfund zu 25 Frcs. 25 Cent. gerechnet.«

»Gewiß«, antwortete ich, etwas erstaunt über diese unerwarteten Worte. »Entspricht das nicht dem Tageskurs?«

»Nicht genau«, belehrte mich der »Gentleman«, »das Pfund steht jetzt 25 Frcs. und 26 Cent.; sie schulden mir also noch drei Pence!«.

»Drei Pence! Sechs Sous! Hier sind sie, wackerer Pearkop, und nun sind wir quitt, nicht wahr?«

»All right, meine Herren.«

»All right!«

Literatur

Adelbert Graf Baudissin, Schleswig-Holstein Meerumschlungen. Kriegs- und Friedensbilder aus dem Jahre 1864. Neudruck Kiel 1978.

Carl Brattstroem (Hg.), Jules Vernes baltische Reise. Von Rotterdam nach Kopenhagen an Bord der Dampfyacht ‚Saint Michel'. Ein Reisebericht von Paul Verne. Mit einem Vorwort des Herausgebers. Husum 1987.

Georg Bruyn, Aufforderung an meine Mitbürger zur Theilnehmung an dem Canal-Handel. Altona 1784.

Erskine Childers, Das Rätsel der Sandbank – Ein Bericht des Geheimdienstes. Zürich 1975.

Friderik Ernst Cramer, Ueber die Vereinigung der Ost und West See, durch Grabung eines schiffbaren Canales in dem Herzogthume Schleswig. Odense 1781.

Volker Dehs, Jules Verne. Mit Selbstzeugnissen und Bilddokumenten. Reinbek bei Hamburg 1986.

Volker Dehs, Jules Verne. Eine kritische Biographie. Düsseldorf und Zürich 2005.

Volker Dehs, Jules Verne und das Hamburger Johanneum. In: Jules Verne, Reise zum Mittelpunkt der Erde. Aus dem Französischen neu übersetzt und herausgegeben von Volker Dehs. Düsseldorf und Zürich 2005. S.419–423.

Andrea Diener, Eine herrliche Räuberpistole. Verrat, Intrigen, schöne Töchter und elende Schurken: Jules Vernes Amazonas-Roman „Die Jangada" erscheint nach 137 Jahren endlich wieder auf Deutsch. In: Frankfurter Allgemeine Zeitung. 23. Juli 2019.

Klaus Fußmann, Du bekommst bestimmt eine Antwort – Arno Schmidt. In: Klaus Fußmann, Der Wahn der Malerei. München 2005. S. 325–336.

Wolfgang Griep, Das Rad, das alles treibet. Über Johann Gottfried Seumes nordische Reise im Sommer 1805. In: Ausflucht in den Norden. Über Johann Gottfried Seumes Reise im Sommer 1805.Eutiner Bibliotheksheft 8. Eutiner Landesbibliothek 2004. S. 9–47.

Reimer Hansen, Der Nord-Ostsee-Kanals-Plan Herzog Adolfs von Schleswig-Holstein-Gottorf aus dem Jahre 1571. In: Mitteilungen des Canal-Vereins, H. 2 Rendsburg 1981. S. 7–38.

Edward Hoop. Geschichte der Stadt Rendsburg. Rendsburg 1989.

Manfred Jessen-Klingenberg, Erste Vorläufer und Projekte für eine künstliche Wasserverbindung zwischen Nord- und Ostsee vom frühen Mittelalter bis zum 18. Jahrhundert. In: Nord-Ostsee-Kanal 1895–1995. Festschrift hg. im Auftrag des Bundesministers für Verkehr. Neumünster 1995. S.15–31.

Manfred Jessen-Klingenberg, Der Schleswig-Holsteinische Kanal (Eiderkanal) im 18. und 19. Jahrhundert. In: Nord-Ostsee-Kanal 1895–1995. Festschrift hg. im Auftrag des Bundesministers für Verkehr. Neumünster 1995. S. 33–50.

Ralf Junkerjürgen, Spannung – Narrative Verfahrensweisen der Leseraktivierung. Eine Studie am Beispiel der Reiseromane von Jules Verne. Europäische Hochschulschriften Reihe XIII, Französische Sprache und Literatur, Bd. 261. Frankfurt/M., Berlin, Bern, Brüssel, New York, Oxford, Wien 2002.

Ulrich Klappstein, Heiko Thomsen, Tellingstedt & der Weg dorthin. Texte und Materialien zu Arno Schmidts *Die Schule der Atheisten*. Dresden 2016.

Thomas Krömmelbein, Arno Schmidt in Schleswig-Holstein – Teil 2. Arno Schmidt auf den Spuren Jules Vernes am Eider-Kanal. In: Zs. Schleswig-Holstein 9/1985. S. 9–11.

Thomas Krömmelbein, Martin Lowsky (Hg.), Der Haide-Anzeiger. Mitteilungen zu Arno Schmidt. Sonderausgabe zu „Arno Schmidt in Schleswig-Holstein". Herausgegeben anläßlich der Tagung der Gesellschaft der Arno-Schmidt-Leser vom 18. bis 20. September 1987 in Heide. Frankfurt/M. 1987.

Thomas Krömmelbein, Martin Lowsky, Mit Klaus Groth und Arno Schmidt in Tellingstedt. Schriften des Literaturhauses Tellingstedt I/1992. Tellingstedt 1992.

Dieter Kuhn, „Die Schule der Atheisten" und Jules Vernes „Schule der Robinsons". In: Bargfelder Bote – Materialien zum Werk Arno Schmidts Schule der Atheisten I. Lfg. 7–8/Mai 1974.

Friedrich Johann Lorenz Meyer, Darstellungen aus Nord-Deutschland. II. Sommereise in Holstein 1815. Hamburg 1816. Neudruck Kiel 1977.

Josef Nyary, Vom Johanneum fasziniert. Domplatz: Am 6. Juni 1861 besucht Jules Verne Hamburg. Wie ein Professor der Gelehrtenschule zur Hauptfigur im Roman „Die Reise zum Mittelpunkt der Erde" wurde. In: Hamburger Abendblatt, 10. August 2005.

Thomas Ostwald, Jules Verne Leben und Werk. Berlin und Hersching 1984.

Karl-Heinz Pentz, Der ehemalige Eiderkanal. Eine heimatkundliche Untersuchung. Prüfungsarbeit für die erste Staatsprüfung für das Lehramt an Volksschulen. Maschinenschriftl. Ms. Februar 1951.

Klaus Pfatschbacher, Jules Verne und der Populärroman. Europäische Hochschulschriften Reihe XIII, Französische Sprache und Literatur, Bd. 252. Frankfurt/M., Berlin, Bern, Brüssel, New York, Oxford, Wien 2000.

Gerhard Preuß, Die Eiderkanalpassage der Brüder Jules und Paul Verne im Jahre 1881. In: Mitteilungen des Canal-Vereins. Nr. 20, Rendsburg 1999. S. 37–56.

Gerhard Preuß, Nachtrag zu: Die Eiderkanalpassage der Brüder Jules und Paul Verne im Jahre 1881. In: Mitteilungen des Canal-Vereins. Nr. 21, Rendsburg 2000. S. 83–86.

Friedemann Prose, Jules Verne Sommer 1861. In: https://www.kiel-maritim.de/index.php/jules-verne/2-uncategorised/11-jules-verne-sommer1861-kiel-maritim-jules-verne-in-kiel-1861

Friedemann Prose, Jules Verne Sommer 1861: von Lübeck nach Schweden. In: https://www.kiel-maritim.de/index.php/luebeck-schweden

Friedemann Prose, Jules Verne´s Reise zum Mittelpunkt des Nordens 1881. In: https://www.kiel-maritim.de/index.php/jules-verne/reise-1881

Friedemann Prose (Hg.), Jules Verne's Reise zum Mittelpunkt des Nordens 1881. In: Mitteilungen des Canal-Vereins. Nr. 29/30, Rendsburg 2013. S. 9–114.

Margarete Rauter, Die wirtschaftliche Bedeutung des alten Eiderkanals. Maschinenschriftl. Ms. Januar 1950.

Aa(ge) Rasch, Der Eiderkanal als Vorgänger des Nord-Ostsee-Kanals. Vortrag anlässlich der Eröffnung der Ausstellung der Wasser- und Schiffahrtsdirektion Kiel „75 Jahre Nord-Ostsee-Kanal" am 29. Mai 1970. Maschinenschriftl. Ms.

Friedhelm Rathjen, Arno Schmidt auf Fanø. Der Schulausflug der Atheisten. Scheeßel 2005.

Leibl Rosenberg, Das Hausgespenst. Ein begleitendes Handbuch zu Arno Schmidts „Die Schule Der Atheisten". 2 Bde., Edition Text u. Kritik, München 1977–79.

Alberto Savinio, Jules Verne. Berlin 2005.

Johann Gottfried Seume, Mein Sommer 1805. Nördlingen 1987.

Arno Schmidt, Die Schule der Atheisten. Frankfurt/M. 1972.

Arno Schmidt: Dichter & ihre Gesellen: Jules Verne. In: Arno Schmidt: Bargfelder Ausgabe, Werkgruppe III. Essays und Biografisches, Bd. 4. Zürich 1995.

Arno Schmidt: Das Leptothe=Herz. In: Arno Schmidt: Bargfelder Ausgabe, Werkgruppe III. Essays und Biografisches, Bd. 4. Zürich 1995.

Johannes von Schröder, Topographie des Herzogthums Holstein. Oldenburg 1841.
Rudi Schweikert, Die Jules-Verne-Welten in Arno Schmidts „Die Schule der Atheisten". Edition Text u. Kritik, München 2009.
Tilman Spreckelsen, Der Erdball ist ein Fesselballon. Jules Verne oder Das Gesetz der Reise. In: Frankfurter Allgemeine Zeitung. 10. Februar 2005, Nr. 34. S. R 14.
Gerd Stolz, Der alte Eiderkanal – Schleswig-Holsteinischer Kanal – herausgegeben anläßlich des 200. Jahrestages seiner Inbetriebnahme am 17. Oktober 1784. Kleine Schleswig-Holstein-Bücher Bd. 34. Heide 1983.
Tönning im Wandel der Zeiten. Husum 1990.
Frank Trende, Jules Vernes Reise auf der Eider. In: Dithmarscher Landeszeitung, Sonderseite, 20. Juli 1991.
Frank Trende, Mit der Dampfyacht durch den Eiderkanal: Jules Vernes Reise durch Schleswig-Holstein. In: Bauernblatt für Schleswig-Holstein 1991, 45/141, H. 37, S. 26.
Frank Trende, Mit Jules Verne durch Schleswig-Holstein: Teil 1: Ankunft in Tönning; Teil 2: Den Eiderfluß hinauf; Teil 3: Kiel – das Brighton Norddeutschlands. In: Zeitungen des Schleswig-Holsteinischen Zeitungsverlags SHZ. 1999, Nr. 158 vom 10.07.1999, Sommer-Zeitung, S. 6; 1999, Nr. 164 vom 17.07.1999, Sommer-Zeitung, S. 6; 1999, Nr. 170 vom 24.07.1999, Sommer-Zeitung, S. 6.
Frank Trende, Die Eider und ihre Dichter. Sarah Kirsch zum 65. Geburtstag gewidmet. In: Zs. Dithmarschen I/2000. S. 21–27.
Frank Trende (Hg.), Jules Verne in Schleswig-Holstein. Bericht von Paul Verne. Mit einem Nachwort des Herausgebers. Husum 2005.
Frank Trende, Erinnerungen an eine literarische Reise durch Schleswig-Holstein: vor 100 Jahren starb Jules Verne. In: Zs. Schleswig-Holstein: Kultur, Geschichte, Natur. Husum 2005, H. 3, S. 1–2.
Frank Trende, Unterwegs auf dem Eiderkanal: Jules Vernes Reise und Paul Vernes Bericht. In: Jahrbuch der Heimatgemeinschaft Eckernförde. Jg. 64, 2006. S. 153–162.
Frank Trende, Johann Gottfried Seume – ‚Wilde Schönheiten' in der Holsteinischen Schweiz. In: Frank Trende, Literarische Reisen zwischen Nord- und Ostsee. Auf den Spuren berühmter Dichter unterwegs in Schleswig-Holstein. Heide 2009. S. 11–20.
Frank Trende, Jules Verne – Zum Mittelpunkt der Erde und ‚den reizenden Eiderfluss hinauf'. In: Frank Trende, Literarische Reisen zwischen

Nord- und Ostsee. Auf den Spuren berühmter Dichter unterwegs in Schleswig-Holstein. Heide 2009. S. 77–90.
Frank Trende, Erskine Childers – ‚Hervorragendes Segelrevier mit einer famosen Landschaft, und Enten sollte es auch bald eine Menge geben‘: Auf der Flensburger Förde. In: Frank Trende, Literarische Reisen zwischen Nord- und Ostsee. Auf den Spuren berühmter Dichter unterwegs in Schleswig-Holstein. Heide 2009. S. 91–100.
Frank Trende, Spuren einer literarischen Landschaft. Der Schriftsteller Arno Schmidt ließ sich für sein Werk „Die Schule der Atheisten" von der Eider-Region inspirieren. In: Zeitungen des Schleswig-Holsteinischen Zeitungsverlags SHZ. Sonderseite. 18. Januar 2014.
Jules Verne, Die Schule der Robinsons. Mit: Paul Verne, Von Rotterdam nach Kopenhagen an Bord der Dampfyacht ‚Saint Michel‘. Nachwort von Heiko Postma. Frankfurt/M. 1978.
Jules Verne, Die Jangada. 2 Bände. Bd. 2 mit Paul Verne, Von Rotterdam nach Kopenhagen an Bord der Dampfjacht ‚Saint Michel‘. Berlin und Herrsching 1984.
Jules Verne. Bekannte und unbekannte Welten. Das erzählerische Werk. Herausgegeben von Wolfgang Thadewald. CD.ROM. Berlin 2004.
Jules Verne, Reise zum Mittelpunkt der Erde. Aus dem Französischen neu übersetzt und herausgegeben von Volker Dehs. Düsseldorf und Zürich 2005.
Jules Verne, Die Jangada. 800 Meilen auf dem Amazonas. Behutsam modernisierte Bearbeitung durch Christian Döring. Berlin 2019.
Paul Verne, De Rotterdam à Copenhague. À bord du yacht à vapeur Saint-Michel. In: Bulletin de la Société Jules Verne. Paris, Nr. 134, 2ème trimestre 2000. S. 12–46. Mit einer Einleitung von Volker Dehs, Deux frères en voyage, deux récits en complément. S. 9–11.
Rolf Vollmann, Im Lande Kolderups unter den Laubengängen der Eider: Eine Reise auf den Spuren von Arno Schmidt und Jules Verne. Tübingen 1988.
Urs Widmer, Jules Verne – Bourgeois und Schreibtisch-Träumer. In: Das Tintenfass Nr. 21. Zürich 1972. S.36–44.
Friedrich Wolfzettel, Jules Verne. München und Zürich 1988.

Editorische Notiz
Die Rechtschreibung in Zitaten folgt jeweils unverändert den nachgewiesenen Quellen.
Die Reportage von Paul Verne folgt der im Pawlak Taschenbuch Verlag, Berlin, Herrsching 1984, veröffentlichten Fassung, die wiederum auf der Ausgabe im Verlag A. Hartleben, Wien, fußt.

Nachweise
Die als Motti vorangestellten Zitate finden sich in: Alberto Savinio (d.i. Andrea de Chirico) Jules Verne. Berlin 2005, S. 14/15. Arno Schmidt: Zettel's Traum. In: Arno Schmidt: Bargfelder Ausgabe, Werkgruppe IV: Das Spätwerk, Bd. 1. Berlin 2010, S. 855. Sarah Kirsch, Kommt der Schnee im Sturm geflogen. München 2005, S. 65. Rolf Vollmann, Im Lande Kolderups unter den Laubengängen der Eider: Eine Reise auf den Spuren von Arno Schmidt und Jules Verne. Tübingen 1988, S. 11.
Abbildungen: Architekturmuseum TU Berlin, 101 – Baudissin, Schleswig-Holstein Meerumschlungen 1865, 1, 96, 100 – Sammlung Dehs, Göttingen, 77, 78 – Archiv Diogenes Verlag, 2 – Hoop, Geschichte der Stadt Rendsburg 1989, 97, 98 – Jensen, Kieler Bilderschatz 2012, 36, 46, 56, 102, 103 – Müller, Johann Friedrich Fritz 1992, 43 – Stiftung Schleswig-Holsteinische Landesmuseen Schloss Gottorf, 28/29, 30/31 – Stolz, Der alte Eiderkanal 1983, 99 – Tönning im Wandel der Zeiten 2000, 94 – Sammlung Trende, Groß Vollstedt, 13, 110 – Bundesminister für Verkehr, Nord-Ostsee-Kanal 1995, Vorsatz, 32/33 – Verne, Jangada 1881, 70, 107, 108.

Dank
Für vielfach erwiesene Hilfsbereitschaft danke ich Dr. Jens Ahlers, ehemaliger Direktor der Schleswig-Holsteinischen Landesbibliothek Kiel, Dr. Christian Demandt, Storm-Zentrum und Storm-Gesellschaft, Husum, sowie Claudia Dannenberg und Frank Zarp, Stiftung Schleswig-Holsteinische Landesmuseen Schloss Gottorf. Ein ganz besonderer Dank geht an Volker Dehs, Göttingen, für sein Vorwort und weiter erwiesene Unterstützung. Ohne die Begeisterung von Achim Berge-Olsen, wpd AG, Bremen, und Jens Schöttler, erneuerbare energien europa e3 GmbH, Hamburg, hätte dieses Buch nicht realisiert werden können, dafür gilt ihnen herzlicher Dank. Für die abermalige freundschaftliche Kooperation danke ich Bernd Rachuth (im dreißigsten Jahr unserer Zusammenarbeit!) und Dörte Kromrei, Boyens Buchverlag, Heide, ganz besonders.

„Alles, was ein Mensch sich vorzustellen vermag, werden andere Menschen verwirklichen können."
Jules Verne
Energie, F., »Wirksamkeit, gespeicherte Arbeit«, E. 18. Jh. Lw. frz. énergie, F., »Kraft«, aus spätlat. energia, F., »Wirksamkeit«, Lw. gr. enérgeia, F, »Wirksamkeit«, zu gr. én, Präp., Präf., »in, hinein«, gr. érgon, N., »Werk, Wirken«
wenden, V., »wenden«, mhd. wenden, V., »anrühren, betasten, umwenden, umkehren, abwenden«, ahd. wenten (765), V., »wenden, beugen, führen, bestimmen, abwenden«, as. wendian, V., »wenden, abwenden«, germ. *wandjan, V., »wenden«, Kausativum zu idg. *u̯endh- (1), V., »drehen, winden, wenden, flechten«, zu idg. *au- (5), V., »flechten, weben«
e3
erneuerbare energien europa e3 GmbH
Ingenieure
Hugh-Greene-Weg 2 · D- 22529 Hamburg
Tel. 040 8 222 610 0
www.e3-gmbh.de

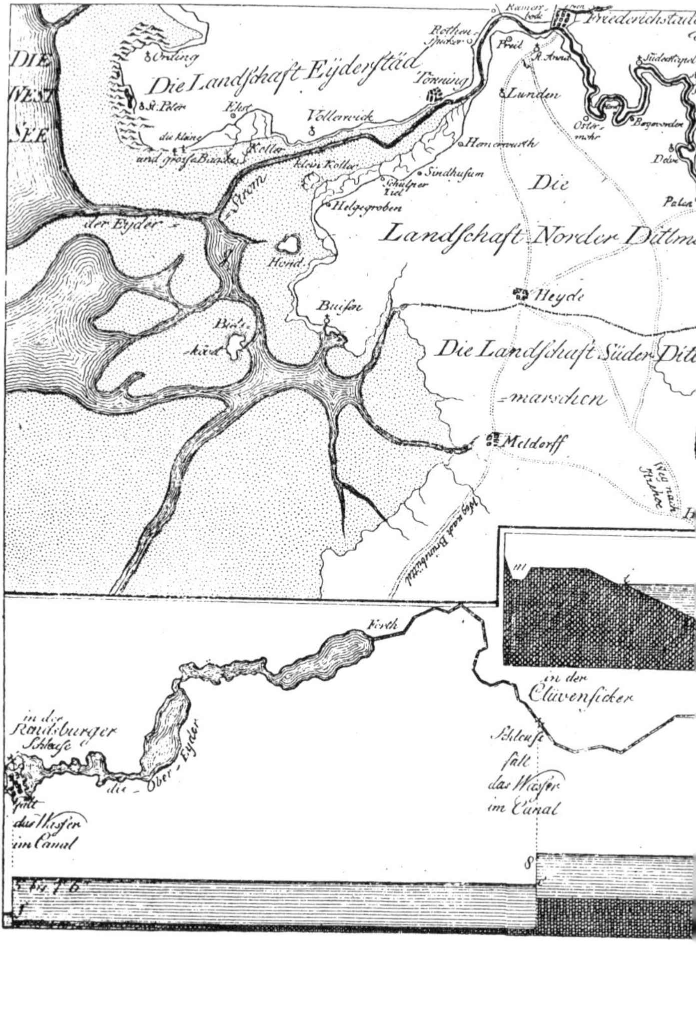
DIE
WEST
SEE
Ording
Die Landschaft Eÿderstäd
St. Peter
Tönning
Vollerwick
Koller
Rothen-Spicker
Preil
Lunden
Oster-mohr
Strom
der Eyder
Klein Koller
Sindhusum
Helgegroben
Die
Hond
Heyde
Buisen
Die Landschaft Süder
=marschen
Meldorff
Weg nach Brunsbüttel
Weg nach Itzehoe
Förth
in der
Clüvensicker
Schleuse
fält
das Wasser
im Canal
in die
Rendsburger
Schleuse
die - Ober - Eyder
fält
das Wasser
im Canal